根っこを育てる乳児保育

育児担当保育がめざすもの

樋口 正春 編著

特定非営利活動法人 ちゃいるどネット大阪

はじめに

　子どもたちは、どんなに幼くても、いや、幼いからこそ、自分を取り巻く大人を見て、模倣し、特定の大人に安心感を持つことで自分の存在に自信を持ち、自分がどんな人になっていきたいのかと未来に希望を抱くようになります。

　しかし、発達に課題を持つ子どもや、関わり方が難しい子どもたちが年々増えているのも事実です。そして、いじめや子ども同士の様々な事件も増えています。これはとりもなおさず、子どもが模倣する対象である大人や、大人が作り出している子どもを取り巻く環境が、子どもの視点からすれば「一貫性のない」「わかりにくい」環境になっていることと、幼い時に愛情に満たされた生活を経験することが難しくなってきたのだと考えられます。

　男女ともに健康に働く権利、健やかな家庭生活を営む権利が実現されてこそ、子どもたちが心豊かに育つ環境と言えるのですが、現状は厳しい労働実態のもと、保育園の運営環境も「より低年齢」「より長時間」「より多人数」に傾き、「待機児を減らす」ために、最低基準以下の環境も容認されるようになってきました。その陰で子どもたちが劣悪な保育環境で育てられることのないよう、このような時こそ「保育の質」にしっかり目を向け、保育現場としてしっかり取り組んでいくことの必要性を強く感じるこの頃です。

　すべての子どもは、子ども自身が自分で自分を伸ばしていく力を持たない限り、成長発達はうまくいきません。保育園・幼稚園は、毎日の生活と豊かな遊びを子どもたちに十分保障することで、その力が十分発揮できるよう環境を整え、子どもを援助していくところです。そして、保育者は子どもたちがイメージする「大人としての

モデル」であり、常に子どもを「援助する」のが役割です。
　したがって、子どもたちが、自分が生きていく世界にどれだけ目を広げていけるかは、保育者がどれだけ広い世界を持っているかということにかかってきます。保育という仕事を通して、自分自身の世界を広げていくことが、より良い保育の実現に一番必要なことではないかと思います。
　保育の原点である「一人一人を大切にする保育」が、単に言葉だけの存在ではなく、しっかりと保育実践として実現されていくために、改めて、保育の原点である「乳児保育」のあり方について考えてみたいと思います。

もくじ

はじめに　1

第1章　理論編

1　育児担当保育の必要性　6
1. 社会の変化と保育の意義　6
2. 根っこを育てる　10
3. 保育指針改定の中で　13

2　子どもに育って欲しい力　17
1. 人の話を聴く力・話す力　18
2. 集中力　21
3. ルールを理解して守る力　22
4. 良い人間関係を作る力　23
5. 五感を十分使って感覚・感性を豊かにし感じとる力　26

3　乳児期に大切にしたいこと　29
1. 自分が生きていく世界に安心感を持つ　29
2. 自分を取り巻く大人に信頼感を持つ　34
3. 自分に自信を持つ　37

4　育児担当保育の実際　42
1. 育児担当保育の目的　42
2. 朝の受け入れ　47
3. 食事　49
4. 排泄　65
5. 睡眠　72
6. 戸外遊び　73
7. 室内遊び　76
8. 保育室の環境づくり　83
9. 職員の動き・勤務ローテーション　89
10. 子どもを一人の人格として尊重する保育を　96

第2章　実践編

実践1　育児担当保育の実践
　　　　〜まどか保育園の乳児保育 概要〜　**104**

実践2　遊びを通して子どもたちと
　　　　一緒に楽しんできたこと
　　　　〜つくし保育園の保育実践〜　**147**

座談会　育児担当制保育にとりくんで　**163**

おわりに　**172**

コラム

コラム1　保育指針と子どもの人権　**15**
コラム2　おむつ交換台の工夫　**66**
コラム3　子どもに優しい保育園
　　　　　〜勤務体制の側面から〜　**92**
コラム4　園内研修について　**99**

Q&A

Q1　育児担当保育とは…　**45**
Q2　育児担当制保育からなぜ育児担当保育へ…　**45**
Q3　自分の担当の子どもにだけ目がいってしまう危険は…　**46**
Q4　食べる順番が後になる子どもの食事が冷めてしまう…　**64**
Q5　一人の子に食事をさせている時、
　　　他の担当児が泣いていたら…　**64**
Q6　年齢によって、方法に違いは…　**71**
Q7　担当をどのように決めたら…　**82**
Q8　育児担当保育をすると休めないと聞きますが…　**90**
Q9　保育士同士の連携を進めるために、
　　　有効な学習方法は…　**90**

第 1 章　理論編

1 育児担当保育の必要性

1. 社会の変化と保育の意義

① 子どもたちの変化

　子どもは3歳までは母親が家でしっかり育てることが良く、あまりに早く他人の手にゆだねることはその子どもの将来が保障されない、といった3歳児神話というものがあります。しかし、3歳まで家庭で育て幼稚園に行ったから情緒が安定しているのかと言うと、必ずしもそうではありません。お母さんが育てる、育てないの問題ではなく、その中身が問題だということです。当然これは保育園、幼稚園の保育内容についても言えることです。

　子どもたちが育っていく環境が、社会の環境の変化とともにどんどん変わってきています。中学校における子どもたちの「荒れ」は30年前より言われていましたが、10数年前より「小1プロブレム」と呼ばれる小学校1年生で見られる育ちの問題が明らかになってきました。東京学芸大学のプロジェクトチームが2007年、全国の市町村教育委員会に対しおこなった「小1プロブレム」に関するアンケートでは「現在発生を確認している」は20％、「以前はあったが、今はない」が21％でした。東京都教育委員会が2011年7月に実施した公立小学校長へのアンケートでは、小1のクラスで問題があるという回答が実に24％になっています。1年生で授業が成り立たないのが4分の1、という事実はとても大きな問題です。授業中に

教師の話が聞けない、じっと座っていられない、勝手に教室から出ていく。「教科書を出しなさい」という教師の指示に「面倒くさい」「なんで？」と反応する子どもたちの様子を聞くと、保育の問題として真剣に考えなければいけないと感じます。つまり、人の話を受け止めたり、今何をする時なのか、ここは何をするところなのかということを理解するというような、就学前に生活や遊びを通して獲得していなければならない基本的なことが育っていないということです。

　さらに、学校における「いじめ」問題、家庭内暴力・殺傷事件等がニュースになるということが増え続けています。子どもを取り巻く環境、すなわち社会の環境や人間関係が荒れているということなのですが、そういう環境の中で子どもたちが育っていかなければならない状況にあります。

2 家庭の変化

　保護者の労働形態が多様化しているという状況も大きな変化としてあります。全国の多くの民間保育園では朝7時から夜8時までの13時間保育が実施されています。また、東京都の民間に運営委託された保育園（公設民営）では朝7時から夜8時半までの保育をしているところもあります。8時半までの長時間保育に対しては夜の食事の提供も含まれています。

　家庭でとる食事は朝食だけで、昼も夜も保育園で食べるという生活は、保護者が望んでいるのではないにしても、子どもにとってはかなり負担の大きいことは間違いないでしょう。産休明けからくる子どもたちが、最長6年余りにわたって毎日10

時間を超える長い時間を保育園で過ごしていくことを考えると、子どもたちにとって、保育園生活が人に対する信頼感や自分が生きていく世界に対する安心感を十分に与えてくれるものでなければ、自己肯定感の弱い人間になってしまう可能性が高くなるのではないでしょうか。

　そのようなことにならないためには、働く母親の子育てが、母親だけに負担がかかることにならないよう、社会構造が変化していく必要があります。単に、待機児ゼロを目指して保育園に子どもを詰め込んだり、ただ保育園の数を増やすというような状況は、保育者の仕事の負担を増やしたり、保育の質を低下させるという状態を生み出します。単に保育園の収容人数を増やしていけばよいというものでは決してありません。子どもにかえって負担が大きくなるような制度は、根本的に見直していかなければならないでしょう。

❸ 地域社会の変化

　6歳までの保育で中心になるものは「生活」と「遊び」です。子どもたちは日々の生活と遊びの中で、大人がやっていることを見て模倣したり、あるいは友達と遊ぶ中で人間関係の作り方や生活のルールを理解したりします。さらには、自分を取り巻く環境に対する好奇心、探究心を育て、手や体を使い、想像力や思考力を駆使していきます。つまり、発達のすべては子どもが人的、物的環境の中で体験しながら身に付けていくということです。「優しい心を持った思いやりのある人になりなさい」と繰り返し言っても、そうなるわけではありません。毎日、

自分の世話をしてくれる親や保育者が、優しい気持ちで親身になって関わってくれる体験を通して、思いやりのある子どもに育っていきます。

　生活規律に関わることも同様です。例えば「かたづけ」は第1に大人が嫌な顔をしないで片づける姿を子どもに見せること、第2にいつも同じところに物が置いてあったり、整理されている様子が見えるように棚を工夫するなど片付けしやすい環境を作ること、第3に「片付いていることは気持ちがいい」という感覚が育つように、保育室の環境をいつもできるだけ美しくしておくことです。「おかたづけ！」と大きな声で叫んだからと言って片付けが身に付くわけではなく、整った環境の中で大人のしていることを模倣しながら、生活習慣にしていくのです。

　保育園や幼稚園がまだなかったり、少なかった時代には、こうした子どもの育ちを「家庭」「地域社会」「保育園や幼稚園などの施設」などが、自然に分担する形でサポートしていました。

しかし、絶対的な人間関係の構築の基盤である家庭が不安定になってきていることや、親以外の大人の存在、地域の異年齢の子ども集団などの力が子どもの育ちを助けていた地域社会というものが、今や機能しなくなってきていることなどを考えると、保育園や幼稚園の保育の在り方も変化していくことが、とても重要になってきています。

2. 根っこを育てる

❶ フレーベルの提唱

　就学以前の教育（保育）を具体的に実践し、その意味の重要性を世に問うたのは19世紀前半のドイツの教育学者フリードリッヒ・フレーベルです。植物を立派に育てる「良い庭師」は、植物そのものをよく理解し、自然に逆らわずに、必要な時期に必要な手当てができるので、植物そのものの生命力が最もうまく発揮でき、良い花を咲かせることができる、人間の教育もそれと同じことであるという意味のことを言っています。

　つまり、子どもの持つ自然な生命力が十分発揮できることが、その子ども自身を育てていくのであり、乳幼児期は一生の土台になる根っこの部分を作る時期だということです。自分で大地にしっかり根を張り、たくさんの養分を吸収し、自らを育てていく力が発揮されるためには、「良い土壌作り」が大切です。

❷『奇跡のリンゴ』が教えてくれたこと

　土をよみがえらせ、化学肥料も農薬も使わず豊かな土壌を作

ることでリンゴの木の持つ生命力を強くし、自然農法でリンゴを作ることに成功した木村秋則さんの『奇跡のリンゴ』や『リンゴが教えてくれたこと』などを読みました。リンゴの木は、甘くて見栄えが良いリンゴを数多く実らせることを目的として品種改良を繰り返すことで、農薬や化学肥料なしでリンゴを作ることは不可能な状態になってしまったのですが、農薬に強い反応を示し、毎年農薬で倒れる木村さんの奥さんの様子から、無農薬農法に取り組みます。しかし、その試みはうまくいかず、害虫や木の病気と様々な方法で戦うのですが、結果としてはリンゴの収穫もなくなり、無収入の生活が10年近くも続くことになります。家族に迷惑をかけたことや失敗の連続に絶望感を抱き、自殺を決意して岩木山に入っていくのですがうまくいかず失敗します。その時ふと目の前を見ると、農薬や化学肥料も全く使っているはずのない山の中で、1本のリンゴの木に真っ赤なリンゴの実がなっているのを見つけます。木村さんは驚き、なぜこんなところでリンゴが実を付けているのかと一所懸命考えます。その時足元の地面が自分のリンゴ畑の雑草が刈り取られ化学肥料がまかれた固い地面と違い、落ち葉や枯草によってふわふわして温かく、自然の循環によって豊かな栄養を含む地面が作られ、木々が青々と生い茂っている様子に気が付きます（後になってよく考えてみるとそれはリンゴの木ではなく、どんぐりの木だったのではないかと木村さんは書いています。リンゴのことで頭がいっぱいだった木村さんにはそう見えたのですね）。自分のリンゴ畑に帰った木村さんは、雑草を抜くのをやめ、酸素や窒素をその根っこに蓄え、地面を豊かにする力が

ある大豆をリンゴ畑に植えるなど、リンゴ畑の土壌改革に取り組みますが、他人からは「木村はとうとう畑を捨てた」などと言われます。しかし、やがて少しずつその成果が表れ、無農薬、無肥料という自然農法を 11 年間という歳月をかけて、世界で初めてリンゴ作りで成功させることができました。できたリンゴは数も少なく、見栄えもあまり良くないけれどとても濃厚な味で、半分に切っておいても変色しない、そのまま置いておいても腐らないなど、普通のリンゴとは全く違うリンゴでした（それらのことから奇跡のリンゴと呼ばれるようになったのです）。

　重要なのは、目に映る木の様子や農薬、化学肥料ではなく、目に見えない地面の下にある、木の育ちのもとになる根っこが育っていくための土壌だったということです。「大切なのは目に見えているものだけではなく、目に見えないところにある」というこの教えは、人間の教育にも共通しています。

　子どもという主体が、自らを伸ばしていこうとする時、そばにいる大人の役割は、その子が子どもらしさ、人間らしさ、自

分らしさを十分発揮して、自ら伸びていく力がうまく発揮できる環境(土壌)を作ることです。まだ先で身に付ければいいようなことを早く教えたり、無理にやらせたりすることで、乳幼児期にしかできない「心の耕し」ができていないと、知識はあっても生きる力につながっていくような育ちが難しくなります。保育とは根っこがしっかり張っていく環境（十分な愛情、秩序のある生活や豊かな遊び）を用意すること、あとは子どもが大人を必要としているときにそのサインを見落とさず、さりげなく援助してあげることではないでしょうか。

　木の根っこというものは、この根が枝になる、花になるというものではないように、子どもの根っこの育ちは「ことば」「健康」「社会性」などと「領域別」に育つわけではありません。子どもたちの能力は、すべてが相互に関連し合いながら育ってくるものであり、それを可能にしてくれるのが「生活と遊び」なのです。

3. 保育指針改定の中で

　1999年の保育指針改定で、乳児期において特定の保育士との間に愛着関係を形成することの重要性が明記されました。つまり、幼い子どもは、誰かれなく皆で関わるのではなく、特定の子どもに対して特定の大人が関わることで、特定の大人に対しての信頼関係が形成され、その後の人間関係の基礎になっていくという考えのもと、「担当制」という言葉が登場してきました。

> 特定の保育士との愛情深い関わりが、基本的な信頼関係の形成に重要であることを認識して、担当制を取り入れるなど職員の協力体制を工夫して保育する。
> （６ヵ月未満児の保育の内容　2.保育士の姿勢と関わりの視点）
> '99年改定指針

もう一ヵ所印象的な文章があります。

> 子どもは、笑う、泣くという表情の変化や体の動きなどで自分の欲求を表現する力を持つ。このような表現により子どもが示す様々な欲求に応え、身近にいる特定の保育士が適切かつ積極的に働きかけることにより、子どもと保育士との間に情緒的な絆が形成される。これは対人関係の第一歩であり、自分を受け入れ、人を愛し、信頼する力へと発展していく。
> （６ヵ月未満児の保育の内容　1.発達の主な特徴）
> '99年改定指針

　その後、2008年に改定され告示化され、基本的にこの考え方は変わっていません。保育というものは基本的には集団で行われるものですが、一人一人の子どもにとっては、保育園にいるとき、不安になったり寂しかったり、悲しいときや嬉しいとき、その人がいてくれることで安心感を覚え、その安心感が他の大人との関係を受け入れていくことにつながり、やがては人に対する信頼感を築いていく力につながっていきます。その意味で、いくつかある選択肢の一つとしての「育児担当」ではなく、育児担当保育ではない乳児保育は考えられないということです。

コラム 1　保育指針と子どもの人権

　戦後の日本の幼児教育には概ね二つの制度があって、保育所は厚生（労働）省、幼稚園は文部（科学）省がそれぞれ管轄してきました。今後どうなるか今のところ不透明ですが、保育園(所)は保育所保育指針という厚労省が出している告示に基づいて運営されなければなりません。実はこれがなかなか行き渡らないのです。

　例えば、2008年に出された最新の指針（2009年に告示化）。乳児保育の柱を「生命の保持」と「情緒の安定」に置いています。「生命の保持」が最重要課題であることは言うまでもありませんが、「情緒の安定」は特定の保育士との愛着感情、信頼感を育てることによって初めて可能となるものです。"第3章　保育の内容　（二）乳児保育に関わる配慮事項　イ　一人一人の子どもの生育歴の違いに留意しつつ、欲求を適切に満たし、特定の保育士が応答的に関わるように努めること"と書かれています。つまりそれは育児担当保育そのものだと思うのですが、そのことが保育の現場で、どこまで意識され実践されているでしょうか。

　指針が大幅に変わったのは1999年の改定でした。実は私は2000年に沖縄の宜野湾市で開かれた全国保育士研究集会に京都市保育士会の発表メンバーの一人として出席していました。その中で、指針の改定に参加された講師の発言が印象に残っています。それは今回の改定が子どもの権利、人権を深く配慮する内容になっているという点でした。例えば指針の中で「…子どもの性差や個人差にも留意しつつ、性差による固定的な役割分業意識を植え付けることがないように配慮すること」といった記述とか、「…子どもの人権に

十分に配慮する‥‥」という表現が多用されています。「トイレットトレーニングでオマルを使用することはいかがなものかといった議論もあったが、そこまで具体的に踏み込まなかった」という発言があったことを鮮明に記憶しています。

　これらの文言は、実は国連で1989年に採択され1994年に日本でも批准された子どもの権利条約が強く影響していたと思います。子どもの権利条約は「18歳未満の子どもにも、大人と同じ人権を認める」というもので、生きる権利、育つ権利、守られる権利、参加する権利に分けることができます。「子どもにとって最善のことをしなければならない」と国と周りの大人に求めているのです。大人のプライバシーが守られるように子どものプライバシーも守られなければならない。だから当然、子どもが園内で裸でうろうろしていたり、おむつ交換の場所が人から見える場所であったりしてはならないし、保育室に公表される形で、個人が特定されるような日誌が置かれていたりすることも問題ですし、誕生表や身長・体重などの表が、当たり前のように張り出されていたりすることも、人権感覚が疑われるのではないでしょうか？

　日本の教育界に今、いじめや体罰や教師の暴言、虐待等様々な問題が噴出しています。その多くが、子どもを取り巻く大人に子どもの権利、人権の意識が希薄なところから起きているように思えてなりません。子どもは保育園の中で最も弱い立場の存在です。だからこそ、保育園の中では子どもの権利が最優先されるべきだということを、保育の現場で意識していきたいものです。より弱い立場の人間が守られるために権利はあるのですから。

〈新井 寛子〉

2 子どもに育って欲しい力

　子どもが将来、学習に対して興味や意欲を持つようになるには、乳幼児期にはどのような経験や大人の関わりが必要なのでしょう。たとえば昨今、学力低下が問題になると授業時間を増やして成績を伸ばそうという方針が打ち出されます。しかし、それが子どもの学習することに対する意欲につながっていくでしょうか。国際的に学力が高いと評価されているフィンランドの子どもたちの授業時間は、国際的にみてもかなり少ないと報じられています。大切なのは時間の長さより、内容なのではないでしょうか。

　幼い時に、身近なものに対する興味、関心を持つことや、探索活動（知りたい、やってみたい等）が十分満たされていることは、知的好奇心やチャレンジ精神を育てていきます。毎日の保育園生活の中で、愛情深く見守ってくれる大人のそばにいて、

それらが満足させられるような環境が用意されているでしょうか。

　従来の日本の保育目標は「明るく素直で元気な子」「誰とでも仲良くできる子」「思いやりのある子」「最後まで頑張ってやり通す子」などの、抽象的で観念的なことばで語られていました。そこには、「子どもの何をどう育てたいか」という具体的なイメージが感じられません。そこで、次のような「五つの力」を育てようという観点で、保育目標というものを考えてみました。

①人の話を聴く力・話す力
②集中力
③ルールを理解して守る力
④良い人間関係を作る力
⑤五感を十分使って感覚・感性を豊かにし感じとる力

1. 人の話を聴く力・話す力

　昨今の小学校で起こっている、先に挙げた「小1プロブレム」や「学級崩壊」といわれる状況は、人の話が聴けないという子どもが増えていることと大きな関係があると思います。小学校の先生に「小学校に入るまでに絶対これだけは育ててほしいというものを一つだけ挙げるとすれば、それは何ですか？」と聞けば、ほとんどの方が「人の話が聴ける子どもに育ててもらえればありがたい」とおっしゃいます。

　なぜ、最近の子どもたちは人の話が聴けないのでしょう。い

くつかの原因が考えられます。

🍀 **赤ちゃんの時から、ゆったりと心地よい大人の声や言葉を聴く機会がありますか？**

　子守唄やわらべうたを歌ってくれる大人が少なくなりました。そして、早い時期からテレビや様々な機械的な音声をたくさん聞いてしまいます。赤ちゃんにはＢＧＭは必要ありません。保育園でも不必要なＢＧＭはやめた方が賢明です。間違いなく自分に語りかけられているということを子どもが感じることができる様な環境が大切です。

🍀 **大人が大声で話したり、叫びあったり、叱ったりすることが多くありませんか？**

　大人の情緒が安定していない様子を感じると、子どもは言葉を聴くことが不安につながっていきます。自分に話しかけられているということが一人一人の子どもに伝わるように「言葉を手渡す保育」を実践していくことが大切です。

🍀 **乳児期から子どもを集めて、一斉に絵本を読んで聞かせていませんか？**

　絵本は言葉の発達にはとても重要なものですが、集団で経験するのはもう少し先になってからのこと。1対1で膝に乗せて、という気持ちを大事にしてください。

🍀 **子どもの話や言葉を大人はしっかり「聴いてあげている」でしょうか？**

　「聴いてもらえること」と「聴くこと」はセットになっています。「聴けない」のではなく「聴きたくない」から「聴かない」ようになっているのではありませんか？

人の話を聴く力は、単純に「学力」につながるだけではなく、人として生きていくために必要なすべての力を獲得していく上において最も重要な能力です。人は言葉を使って考え、言葉を使ってコミュニケーションします。人間の持つ高度な思考力も、社会性を獲得して集団生活を営むのも、言葉を獲得するところからきています。言葉の獲得はまず「聴く」ということから始まります。「聴けない」子どもは言葉を獲得するのが難しいだけではなく、考える力や社会性も育ちにくくなります。「聴く力」がやがて「話す力」につながっていきます。自分の気持ちや考えていることを言葉にして伝えるということは、幼い子どもにとっては決してやさしいことではありません。特に乳児においては「泣く」「笑う」「身振りで要求する」など、言葉になる前の思いを表現していることを大人がしっかり受け止め、言葉で言い換えるという日々の関わりがとても重要です。自分が伝えようとする気持ちや考えを、真剣に聴いてくれる大人がいれば、伝えようとし、上手にできなくても一所懸命話そうとし

ます。つまり、聴く力も話す力も、自分に共感してくれる大人が身近にいて、その人との信頼関係が確立していくことで、しっかり身につけていけるのではないでしょうか。

2. 集中力

　集中力を育てるために乳児期に必要なのは、「今は遊ぶとき」「今は食べるとき」「今は散歩に行くとき」というように、今することに気持ちがしっかり向いてくれることです。生活の先を見通すことがまだ十分にできない乳児にとって、まず生活の流れ（日課）がしっかりできていて、「今○○をしているから次は××をするんだな」とわかるようにしっかりした日課を作ることが、「今何をすればいいか」を理解して、今やることに集中できることにつながっていきます。

　食事も安定した時間配分と、安定した人間関係の中で、落ち着いて食べる環境が作られていると、大体20分前後でしっかり食べきることができるようになります。0歳〜1歳の頃は「生きるために食べる時代」なので、食べることにより集中できる環境を作ってあげると、「食べる喜び」を感じて「食べることに集中する」ことができるようになります。乳児期の後半からは会話なども増え、「文化としての食事」に変化していきます。乳児期にあまり開放的な環境で食事をしようとすると、「集中力」は育ちにくくなるばかりではなく、「食べる喜び」も育ちにくくなり、幼児期の「遊び食べ」の原因にもつながっていきます。

そして、もう一つ重要なのが「遊び」です。子どもの探索活動を満たしてくれる様々な遊びや、そのために必要なおもちゃなどが計画的に適切に揃えられていることによって、知らず知らずのうちに、一所懸命何かに取り組む力が身に付いていきます。子どもにとってなにより大切なのは「楽しい」ということですが、保育的な環境としてもう一つ大事なことは「文化的な環境」です。楽しければ何でも良いというのではなく、良い絵本や良いおもちゃに囲まれているということは、「良い文化」に出合うということです。「楽しみながら集中する」ということが最も理想的と言えるでしょう。

3. ルールを理解して守る力

　子どもたちは、毎日の生活や遊びを通して、人と人が関わって生きていくための基本的なルールを学んでいきます。生活の仕組みがしっかりできていれば、今は何をする時、ここは何をするところ、という「生活の仕組みを理解し、先を見通し、自分で考えて行動する」という力が育っていきます。また、様々な遊びを通して、協力したり、我慢したり、譲り合ったり、競争したりというような「人間関係を作っていくための基本的なルール」を経験していきます。考えられた日課のもとに日々規則正しい生活をすること、決まった席で食事をし、決まった場所で寝る、いつも決まった場所に遊びの環境が用意されていて、何をしたいかを自分で考えて取り組んでいく。子どものこのような主体的な行動は、毎日繰り返される生活や遊びの中に存在

する「ルール」を理解することによって初めて実現されていきます。保育園には保育園のルールがあり、小学校に行けば小学校のルールがあります。社会に出て生活をしていく時も、社会のルールがあり、「ルールを理解して守る力」が育っていないと人間として社会の中で生きていくことが難しくなります。「子どもの自由を守る」「子どもの主体性を尊重する」ということや「のびのび育てる」ということと、「無秩序な生活環境」を提供するということは全く違います。社会生活に対して適応できない大人や子どもが増えていることも、「無秩序な生活環境」の中から生まれているのではないでしょうか。ルールは子どもを縛り付けるためにあるのではなく、子どもの主体性を育てるためにこそ重要なものと言えるでしょう。

4. 良い人間関係を作る力

　良い人間関係の中で生きていくということは、良い社会を作っていくために最も大切なことだと思います。目には見えない「こころ」を理解し、共感、共有、協力しながら良い人間関係を築くことができなければ、豊かな社会を作っていくことはできません。自分の意見や意志を相手に伝えることも、相手の意見を聴き理解することも、子どもたちが大人との関係の中でそれを経験していくことでしか身に付けることはできません。

　自分が愛されているという実感を持った子どもは、人を愛せるようになっていきます。自分を信じてくれる人に出会い、人を信じるようになっていきます。自分が受け入れられていると

いう実感が他の人を受け入れていくことにつながっていきます。親や保育者という、最も子どもに近い存在である大人にとって大切なことは、子どもに深い愛情を注ぐことはもとより、子どもを一人の人間として尊重し、常に肯定的に関わっていくことではないでしょうか。

　目には見えないものを理解し信じるという力が、幼い時に経験する絵本やお話しを通して育っていくということを、保育の現場ではとても強く感じます。登場人物の気持ちや行動に共感したり、ある時は「そんなこと言ったらイヤ」と様々な側面から感じる力も育っていきます。

　子どもに最も人気のある絵本の１冊である『ぐりとぐら』を例にとると、「のねずみのぐりとぐら」が森の中で見つけた大きな卵でカステラを作り、森の動物たちと一緒に食べ、残った卵の殻で車を作って帰っていくという、現実にはありえない世界を、子どもたちはその豊かな想像力で見事に「自分自身の体

験」として感じ取っていきます。子どもにとっての「絵本やお話の中の世界」は、現実の生活の中で境界線を作ることなく存在することで、まさに自分自身が体験したかのように、子どもの人間としての生き方に強い影響を与えていきます。ここで大切なことは、どんな子どもも、乳児期にはその境界線がほとんどないのですが、発達が進むにつれ「現実を踏まえたうえで空想の世界を楽しんでいる」というように変化していくということです。その変化こそが、幼い時の豊かな想像力が現実世界で生きていく力になっていくということでしょう。

　また、人形やぬいぐるみに名前を付け、その人形やぬいぐるみを「自分の分身」「自分の仲間や友だち」と感じて、「世話をする」「一緒にいたい」といった気持ちや行為を通して「優しい心を使う」ことを経験します。喜びや悲しみを共有することで人と共感する力を身に付けることができるのは、乳幼児期の最も大切な経験です。絵本という「想像、空想」の世界と違い、具体的なモノとしての人形やぬいぐるみと関わりながら、同じように「想像、空想」の世界を体験していくのが「遊び」です。人形やぬいぐるみに名前があり、人形用のベッドなどの生活場所が提供されている場合は人形が「いる」環境。人形やぬいぐるみに名前もなく棚に積み上げられているような環境は人形が「ある」環境です。保育室に人形の居場所（人形用のベッドやおむつ交換台など）を作ってあげることで、「いる」という環境を作ることができます。大人が人形やぬいぐるみを大切に扱っている姿を見て、子どもたちも一層「優しい心」や「共感」する力が育っていくでしょう。

5．五感を十分使って感覚・感性を豊かにし感じとる力

　乳幼児期に、五感をたくさん使うということはとても大切です。現代はテレビやコンピューターゲームなど、視覚、聴覚に対して過剰な刺激を受ける環境が子どもを取り巻いています。自然の中で遊んでいる子どもたちは、視覚、聴覚だけではなく、他の感覚もたくさんの刺激を受けることで、豊かな感性を身に付けていきます。戸外遊びの重要性は単に運動面のことだけではなく、空気や水、土や植物など、多くの自然と触れることで五感がたくさん使われるという要素も含んでいます。２歳児以上になれば「雨の日も外で遊ぶ」ことで、雨の日でしか感じられない感覚を味わうことも、貴重な体験です。

　子どもはいくつもの感覚刺激が同時に強く働くことに十分な対処ができません。また特定の感覚だけが連続的に刺激を受けることも好ましい状況ではありません。例えば、乳幼児期にＢＧＭ（バック・グラウンド・ミュージック）は必要ないと思います。食事や午睡の時に音楽を流すことは、結果として今やっていることに対する集中力の低下につながっていきます。必要な音と必要ではない音を無意識のうちに聞き分けていく力というものは乳児期には育っていません。まどか保育園では運動会で子どもの競技のときには音楽を流さないようにしています。そのことで、今やることに集中できるだけではなく、仲間や保護者の応援の声もよく届き、一体感を持って楽しむことにつながっています。また、食事に関しても栄養士と保育士が十分な協力体制を取り、すべての子どもが「温かいものは温かいうち

に食べる」ことができるように配慮しています。乳児クラスでは、子どもの食事時間に合わせての「時間差配膳」を実施し、幼児クラスでは保育室に炊飯器を置き、11時半ころには炊飯器から湯気が立ち上り、ご飯の炊きあがるいい匂いが子どもの食欲をそそります。いずれも味覚、嗅覚に「心地よい感覚」を与えることで、五感を育て、食欲につながっていきます。

　以上の「五つの力」は、それが子どもたちの中で育っているかどうかが、外からは見えにくい力です。就学前の子どもにとって大切な「学び」は、毎日の生活と遊びの中で行われていきます。「教育」という言葉は「教」えると「育」てるという二文字で成り立っています。教えられることを理解し身に付けるための力、人間として生きていくための基本的な力を「育てる」のが乳幼児期の保育の役割であり、教えるというのはそのあとに来ることです。「幼保一元化」という流れの中で、一元化することによって「保育園の子どもも教育を受けることができる」と、まるで保育園は教育をしていないただの福祉施設であるような言葉が聞こえてきます。

　「知的早期教育」という言葉のもとに、「教育」を文字の読み書きや計算など、一部の知的発達を促すものとしかとらえられない「狭い教育観」の中で、心の育ちを伴わない「頭でっかち」の子どもが育っている現状をしっかり見つめる必要があります。「知的発達」を促すことが悪いのではありません。しっかり組み立てられた生活や、子どもの発達に配慮された豊かな遊びの環境の中でこそ、十分に知的な発達を伴った心の育ちが可能に

なります。

　先に挙げた「五つの力」は学校に行ってから授業で学ぶようなものではなく、乳幼児期の生活と遊びの中で、体験的に身に付けていくものです。そして、この時期を逃すと後になってからそれを身に付けるのは非常に難しい力です。子ども同士のいじめや、大人の子どもに対する体罰などが問題になってくると「道徳教育」の必要性が叫ばれますが、大人を信頼し、人にやさしい心を使える人間になるには、乳幼児期にいかに「幸せな時間」を経験できるかにかかっています。特に、乳児期は自分で生きていく力をほとんど持たない時期です。その時期に保育園で長時間過ごす子どもたちが「幸せな時間」を過ごすために、私たち大人はどのような環境を提供し、どのような援助をすればいいのでしょう。

3 乳児期に大切にしたいこと

1. 自分が生きていく世界に安心感を持つ

　「五つの力」が保育の中で育っていくことを目標に置くと、乳児期に育って欲しいことの第1は「自分が生きていく世界に安心感を持つ」ことです。初めて親から離れ、見知らぬ他人の中で長時間生活するのですから、子どもが不安になるのは当たり前のことです。大人には想像できないほどの不安、ストレスが子どもの中にはあると思います。不安があっても、その不安を何一つ自分自身の力では解決できないのですから、「泣く」という手段を使って一所懸命不安を表現しようとします。保育園に入園したばかりの乳児が泣くのは当たり前、泣かない子どもの方が心配になります。「泣く子は育つ」という昔のことわざがありますが、自分を表現できる子どもは大丈夫です。

　大人にとっても「先が見えない」生活は不安のもとですから、どんな小さな子どもでも「先が見えない」ということは、予測できないということで不安になるのは当たり前でしょう。その「先が見通せる生活」のもとになるのが「日課のある保育」です。次に「秩序のある生活」が大切です。無秩序な生活環境は子どもを混乱させ、不安を強くします。

　もう一つ、保育園が施設ではなく「家庭的である」ことも、そこで長時間安心して過ごせる重要なポイントです。この3点について、説明しましょう。

🍀 1 安定した日課（生活の流れ）

　０歳児は日々、生命リズムが変化していきます。睡眠時間、排泄の間隔、食事時間など、一人一人の子どもが持っている生理的リズムの変化に合わせて生活リズムを作りながら、夜は眠り、昼間は起きて活動するという日常生活に適応するリズムへ徐々に導いていく必要があります。

　家庭でのリズムを大切にしながらも、保護者と話し合いながら、保育園で規則正しい生活リズムを作っていくために、保育園での日課を考える必要があります。産休明けのような特別な子どもについては、特別な対応が必要ですが、日中と夜間の活動がうまく分かれていくためにも、規則正しい安定した日課を作ることがとても大切です。

　毎日の日課が安定してくることで、「今は何をする時」「次は何をするのか」「ここは何をするところ」という感覚が働くよ

うになってきます。これらの感覚が働くようになってくると「先を見通す」ことが少しずつできるようになってきます。先が見えてくると不安が少なくなり、自分で考えて行動するということができるようになっていきます。

したがって、日課というものは何か特別なことがない限り、基本的には毎日同じように流れていく必要があります。

まどか保育園では朝7時から保育園が始まります。保護者の方々には9時までに登園するようお願いしています。小学校では8時過ぎから8時半ころまでには授業が始まるのですから、保育園時代からできるだけ「午前中により活動できる」リズムを作ることを考えて、日課を作っています。登園したら9時までは保育室で過ごし、9時になったら戸外遊びに出ます。2歳以上の子どもたちは、レインコートと雨靴で出られる程度なら雨が降っても戸外に出かけます。0歳と1歳のクラスの子どもたちは、雨の日はテラスやホールで体を動かして遊ぶようにします。乳児は10時頃、幼児は10時半頃には室内に入り、昼食までは室内遊びをします。幼児は食事の前に全員一緒に絵本を読んでもらい12時から食事に入ります。毎日の生活リズムがしっかり決まっていることで、生活の仕組みを理解し、先を見通して自分で考えて行動できるようになっていきます。

2 秩序のある生活

室内空間を構成するとき、「ここはおむつを交換するところ」「ここは食事をするところ」「ここはままごと遊び」「ここは積み木や汽車遊び」「ここは椅子に座って落ち着いて遊ぶところ」

というように、生活や遊びのコーナーを作っていく必要があります。いつも決まった場所で決まった活動が行われることで、「生活には決まりがある」ということを感じ取っていきます。決まりが分かれば自分で考えて行動することも少しずつできるようになってきます。

　食事の席が決まっている、午睡の場所や自分のベッドの位置が決まっていることなども大切なことです。普通、家庭では食事の時の席や寝る場所が決まっているというのも、それが最も安心できる環境だからです。

　これらのことが、大人の都合や不規則な生活時間などで「日替わり」になっていると、子どもはいつまでたっても自分の生活を把握することができず、好き勝手に行動することになります。そんな子どもの様子にイライラして毎日を送っているとすれば、問題は子どもではなく「大人の環境作り」にあるのです。

❸ 家庭的な雰囲気

　保育所保育指針では保育所の定義を「保育所は、子どもが生涯にわたる人間形成にとって極めて重要な時期に、その生活時間の大半を過ごす場である」と記しています。つまり、保育園は収容所でも、訓練所でもなく、明らかに「生活の場」であるということ。即ち「第2の家庭」と考えてもよいでしょう。保育士が子どもの前に立つとき「先生」なのか「第2の母親（父親）」なのかはとても重要なことだと思います。自分自身のことを「先生」と呼ぶ習慣は、知らず知らずのうちに「先生」として子どもの上に立つ危険性があることを意識しておく必要が

あるのではないでしょうか。

　ジャージの上下や大人の制服（同じエプロンやトレーナーなど）で保育することは、あまり家庭的とは言えない気がします。保育室は教室ではありません。黒板は必要ないし、逆に色画用紙で片目ウインクの動物などの幼稚で過剰な装飾も家庭的ではありません。

　保育所保育指針第1章総則で明記されているように、養護と教育が一体となって、豊かな人間性を持った子どもを育成するところに保育所における保育の特性があります。生活という基盤があって教育が成り立っていくというのが、乳幼児期の重要なポイントであると言えるでしょう。学校教育の先取りをするのではなく、安定した生活の上に様々なことに興味や関心を持ち、それに共感してくれる大人と共に楽しんでいく中で、「自らを伸ばす力」を養っていくのが乳児期です。

2. 自分を取り巻く大人に信頼感を持つ

❶ 深い人間関係を育む

　大人を信頼しあこがれて、「こんな大人になりたい」という良いモデルに出会えた子どもは幸せで、人間としても豊かに成長していけるのではないでしょうか。母親、父親というのは最も重要なモデルですが、毎日、長時間生活をしている場で触れている保育士も、子どもにとって重要なモデルです。子どもは大人の行動だけをモデルにするのではなく、その大人の生き方、心の使い方をもモデルにしていきます。

　人間関係は「広い、狭い」と「深い、浅い」という要素で成り立っており、広くすれば浅くなり、深くしようとすると狭くなる、というのが一般的です。乳児期の人間関係のあり方を考えると、一番大切なのは「深い」人間関係ではないでしょうか。深くするためには「狭い関係」からスタートしなければなりません。自分の一番身近にいる大人との信頼関係が築けないと、他の大人（子ども）との信頼関係を築くのも難しくなっていきます。イギリスの児童精神科医ジョン・ボウルビィによって確立された愛着理論では乳児の心理を次のようにとらえています。

　「乳児は、自分の生活に対していつも決まった大人が関わってくれ、その大人が自分の思いを受け止めてくれたり、満足できるような関わりを持ってくれるという体験を通して、その大人に強い『愛着』を示すようになる。やがて、子どもはその大人を自分自身の『安全基地』として使うようになり、知的好奇心を基に様々な探索行動を行い、またそこに戻ってくる。」

この「安全基地」としての大人の存在の意味は、ボウルビィ以後の研究では、母親以外の大人でも、その子どもにとって身体的、情緒的なお世話をしてくれる人、子どもの生活に一貫して役割を果たしている人、情緒的な関係を作っている人などは愛着の対象となり得ると言われています。そのようなことから、子どもの身近にいて、継続的にかかわる特定の大人との関係は、人格形成上、非常に重要なことであり、不特定の大人たちが入れ替わり立ち代り子どもにかかわるような保育のあり方は決して好ましいものではないと言えるでしょう。
　このような点から「育児担当保育」が、いかに大切なものであるかということが分かってきます。「特定の大人の癖がうつると良くない」とか「いろんな人が関わる方が人格が豊かになる」とか「後追いや人見知りがひどくなって保育しにくい」などと否定されてきた考え方(現在もまだ残っている)が、実は大人の都合によるもので、子どもにとっては不安のもとにしかなっていないということをしっかり認識する必要があります。
　育児担当保育については、まだその意味が十分理解されているとは言えません。食事担当、おむつ担当などという「育児分担保育」と混同されていたり、少人数グループを作り、遊び、食事など生活の大半を同じ保育士が関わる「グループ保育」というやり方など、本当の意味での育児担当保育ではなく、大人の仕事が楽になるような保育と混同されているところがあるので、しっかりと意味を理解して保育のあり方を整理する必要があります。

2 ポイントとなる活動

　具体的には、0歳から2歳までの乳児保育で、「生きるために絶対必要な生理的作用」である食事、排泄については同じ大人が同じ子どもの世話をする、ということを基本とします。

　もう一つの生理的作用である「眠り」に関しては、家庭での睡眠は生きるための眠りであり、保育園の午睡は「休息（仮眠）」であると考えています。基本的に付き添う必要はありませんが、援助を必要とする時期であったり、援助を必要とする子どもがいる場合には、側で子守唄を歌うなど見守るようにします。ただし、乳児期にはSIDS予防のための定期的な午睡中の見守りが欠かせないことは言うまでもありません。「休息（仮眠）」であるということを考慮して、パジャマに着がえる必要はありませんし、午睡の前に絵本や紙芝居で興奮させるようなことも控える方がいいと思います。また、眠る部屋を夜のように暗くすることは、子どもが昼夜の区別を身に付けていくうえで好ましいものではないと思います。直射日光が入らない工夫や、部屋の照明を落とすくらいで十分です。

　遊びなどに関しては担当児にこだわらず、クラスの他の子どもとの関係づくりにも十分配慮しながら関わっていきます。しかしながら、同時にそんな中で自分の担当児との関係をしっかり意識して、その子にとって保育園で生活しているときの精神的な「安全基地」になるよう心掛けていることが大切です。

3 保育者同士の良い関係

　育児担当保育を実践していく上において、最も重要なことは

「保育者同士の信頼と相互理解」です。保育者同士の人間関係がクラスの子ども同士の人間関係に大きな影響を与えることを考えれば、保育者同士が良い人間関係を築いていくことがとても大切です。

　育児担当保育の意味を理解して、自分の担当児との愛着を築くように努力しながらも、同じクラスの他の子どもたちにもしっかり目を向けていかなければなりません。特に発達に課題のある子どもには、すべての保育者が共通理解をもって関わる必要があります。そして、「園の方針」がしっかりしていて、「保育理念」「保育方針」「保育実践」が一貫していることこそ最も重要でしょう。

3. 自分に自信を持つ

❶ 注目されている実感

　子どもたちはいつも「見て、見て」と要求してきます。自分が「注目されている」という思いは、「今、自分がここにいてもいい」という安心感の基本です。「見落とされる」「見放される」「見捨てられる」などは、自分の存在を最も脅かすものです。「見て！」と言葉で表現できない幼い子どもは「泣く」という行為で注目を要求します。また、くっつくとか大声で叫ぶなども、見られていないのではないかという不安からくる行動です。

　自分が大切にされているという実感が、その子どもの自尊感情を育て、やがて他の人を大切にするという、良い人間関係を作っていく力の土台となっていきます。小中学生のいじめなど

が問題になり、道徳教育の必要性を説く声が大きくなっていますが、乳幼児期に、自分が大切にされているという「自尊感情」や「自己肯定感」が根付いていないことが問題であり、対症療法的に人の道を説いたところで解決できる問題ではありません。

　一人一人を大切にする保育という、最も基本的なことを、感覚的ではなく具体的に見直しながら保育実践をしていかなければなりません。その例をいくつかあげてみます。

🍀 名前の後で肯定的な言葉をつづける

　「そこのお友達」ではなく、「〇〇ちゃん」と名前を言って話すこと。そして名前を言った後に悪いことを言うのではなく良いことを言ってあげる（ありがとう、良くできたね、ステキだよ等）ようにすれば、その子どもとの関係が良くなっていきます。

🍀 言葉を手渡す

　「さあ皆さん、お片付けしましょう」と言っても、子どもは自分をなかなか「みなさん」の中には入れてくれません。「〇〇ちゃん、終わったらもとのところに置こうか」と声かけすれば、自分のことだとわかります。「〇〇ちゃ～ん！」と大声で呼ぶのではなく、その子のそばに行って「〇〇ちゃん」と普通の声で、言葉を手渡す感覚で接してあげると、子どももちゃんと言葉を手渡しに来てくれるようになります。言葉や「あいさつ」は大声で投げないよう、また言葉をばらまかないようにすること。「叫びあう保育」は本当に落ち着かない保育室の雰囲気を作ってしまいます。

🍀 誕生日の祝い方

　その子が生まれた1年に1回しかない日を大切にしたいもの

です。「〇月生まれのお友達」をまとめて祝うのではなく、その子の生まれた日に、一人一人祝ってあげるという当たり前のことを大事にした誕生会を行っていきたいものです。保育室の壁に大きな「お誕生表」を張るのではなく、お誕生カードを部屋の入口に飾ってあげて、その子の誕生日を他の保護者にも知らせていきます。自分が祝ってもらった子どもは他の子どもの誕生日を一緒に喜んでくれますし、他の子どもが祝ってもらっているのを見て、自分もきっとそうしてもらえるのだという安心感を持つこともできます。

❷ 達成感

　生活においても、遊びにおいても「自分でできた！」という達成感は「自分でやろう！」という意欲につながる大切な気持ちです。子どものためにと思い、手を出しすぎると自分でやろうとする気持ちが薄くなり、放っておきすぎるとうまくいかなくて自信を無くしてしまいます。育児においても遊びにおいても、どのように関われば子どもが意欲的に育っていくのでしょ

うか。

　食事、排泄、午睡、身辺を清潔に保つなどの生活に関することも、「食べさせる」「寝かせる」「排泄させる」という「大人の仕事」としてとらえるのではなく、子どもが自分で「食べる」「眠る」「排泄する」という「身辺の自立に向かっての主体的な活動」としてとらえていかなければなりません。

　スプーンで口にねじ込むように食べさせたり、両足首をつかんでぶら下げるようにおむつを取り替えたり、押さえつけるようにトントンして寝かせようとするのは、「保育というお仕事」をしている状態です。ここでも、子ども自身が先を見通し、今は何をする時かということを感じ、自分でできるという自信を持つような関わりが大切です。そのために必要なことの一つが、「待つ」ということです。子どもが自分でしようとしているのを待ってあげることで、少し時間がかかっても自分でやり遂げることができます。「早く、早く」と子どもをせかしてもうま

くいきません。大人が待っている時間の中で子どもの発達が進んでいきます。

❸ 遊びの重要性

　人間は、あらゆる生き物の中で唯一、遊びを通して発達していく存在であると言っても過言ではないでしょう。身近にあるものに興味を持ち、身近な大人の行為を模倣し、その中で手を使い、指先を働かせ、ものを見て動きを追い、記憶します。ドイツのフレーベルやイタリアのモンテッソーリなどによってその基本が考案された様々な遊具は、工業力の発展や教育に対する研究が進む中で、豊かなおもちゃとして世界に広まっていきました。試し、驚き、発見し、失敗し、喜び、共感するといったことを通して、子どもは人間として発達していきます。自然の中で遊ぶ、一人で遊ぶ、仲間と遊ぶ、道具を使い、考えたり工夫したり、チャレンジしたりしながら様々な力を身に付け、自信を付けていきます。

　戸外や室内の豊かな遊びの環境は、子どもの発達を助けていく最も重要な要素の一つです。保育園での遊びの環境づくりはこれからの保育にとって、とても大切な要素です。したがって、遊びの環境を構成する「自然」や「遊具」や「絵本」などについて、専門的な知識を持つことが、「保育力」の豊かな保育者になるために絶対必要なことと言えるでしょう。

4 育児担当保育の実際

　ここではまどか保育園の実践例をもとに具体的な方法を考えていきます。実際に自分の保育園で実践しようとするとき、必ずしもこの通りにする必要はありません。これが理想的なやり方というわけではなく、あくまでも一つの実践例としてとらえてください。

1 育児担当保育の目的

❶ 安心して過ごせる保育園

　1日の大半を保育園で過ごす子どもたちにとって、保育園という環境が安心して過ごすことのできる環境であるということは本当に大切なことです。家庭から離れて、初めて他人の中で生活する子どもにとって、最も大きな不安は自分を取り巻く人的環境の変化です。一番大切なお母さんがいない、周りは知らない人ばかり、そしてとても長い時間を保育園で過ごすのです。例えば私たち大人でも、初めて海外旅行をしたとき、通訳やお世話をしてくれる人が毎日同じ人の場合と、毎日違う人の場合を考えてみると、当然毎日同じ人の場合の方が安心できます。あるいは新しく就職したり、転勤したりして新しい職場に入った時に、最も大きな不安は人的環境ではないでしょうか。子どもたちにとってもそれは同じです。いや、子どもの方が不安が大きいことは間違いありません。

　いつも決まった人が、継続的に自分の世話をしてくれるということは、子どもが保育園で、悲しくなったり、不安になった

とき、自分は誰のところに行けばよいのかということがはっきりしているということです。保育園にいる間、自分をずっと誰が見てくれているかということが分かると、子どもにとって保育園は不安な場所ではなくなっていきます。そして、その保育園にいる他の大人や子ども達との関係をも受け入れるようになっていきます。特定の大人との間に愛着関係が形成されると、それを土台にして他の人をも受け入れていけるようになるのです。

❷ 深い人間関係を結ぶ力を育てる

　先にも述べたように、人間関係というものは深い、浅い、広い、狭いという要素で考えることができます。深くしようと思えば狭くなり、広くすると浅くなるというのは大人の人間関係も同じことです。子どもたちにとって大切なのは、将来にわたって深い人間関係を受け入れ、人を信頼する力を身に付けていくことだと思います。幼い子どもたちは一度に多くの人間関係を受け入れていくことは不可能です。それがどんなによい人の集団であっても、いろんな人が不規則に子どもと関わるような保育は、子どもを不安にさせるだけではなく、人格形成上も好ましいものではないということは、発達心理学でも知られていることです。育児担当保育を通して、子どもたち自身、自分が大切にされていることを実感することが、自己肯定感、自尊感情を育てていくことにつながっています。

　母子関係がうまく作れていない時の子どもの不安に関する事例を、保育園ではよく経験することからも、母子関係が「特定

の大人との愛着形成」の基本となっていることは間違いありません。保育園における保育士と子どもの関係が、家庭における母子関係を上回ることはないと思いますが、保育士が子どもとの人間関係をうまく作ることができれば、母子関係もより豊かなものになっていくのではないでしょうか。保育園と家庭が力を合わせて、その子どもが将来にわたってより良い人間関係を作ることができるように努力していかなければならないと思います。

　乳児にとって、保育園という環境に対する安心感、大人への信頼感、自分に対する自信、そこから生まれてくる生きることへの意欲や努力というものは、すべて安定した人間関係から生まれ、支えられていくものです。育児担当保育はそれを確かなものにしていく重要な保育の方法だと思います。

第 1 章 理論編／4 育児担当保育の実際

Q1 育児担当保育とはどういう保育方法ですか。

A1 0歳から2歳までの乳児保育で、食事と排泄を中心にした育児行為を、特定の大人が特定の子どもに対して継続的に関わることで、子どもとの深い信頼関係を築き、安心して保育園生活が送れるように援助していく保育方法のことです。たとえば0歳児では大人1人に対し最大3人ということになります。少人数のグループを作り、食事、遊びなどを常にグループで行うグループ保育とは目的が違います。

担当制というシステムで保育をするわけではないので、担当児だけではなく、クラスの子ども全員のことをよく理解し、全員に目を向けていくことも大切です。

Q2 以前は「育児担当制保育」と呼んでいたのに、なぜ「育児担当保育」と言われるようになったのですか。

A2「育児担当制」という言葉から、一種のシステム（制度）のようにとらえてしまっている例が多く見かけられます。例えば「自分の担当以外の子どものことはよく知らない」とか、「担当以外の子どものお世話をしてもいいのですか」「子どもと相性が悪いなどの問題がある場合担当は替えてもいいのでしょうか」などという質問を受けたこともあります。システムとして考えてしまうと、このような間違った考えが出てくるのではないでしょうか。

0歳から2歳までの乳児保育で、食事と排泄を中心にした育児行為を、特定の大人が特定の子どもに対して継続的に関わることで、子どもとの深い信頼関係を築き、安心して保育園生活が送れるように援助していく

ことが目的です。「自分のグループの少人数の子どもにだけ関わればいい楽な保育」になってしまわないよう気を付けなければなりません。

Q3 自分の担当の子どもにだけ目がいってしまう危険がないのでしょうか。また、子どもの側も他の保育士が入った時に慣れずに大変にならないのでしょうか。

A3 自分の担当の子どもにより多くの気持ちがいってしまうということはあり得ることですが、担当と親子関係とは別ですから、そのことを十分意識して、他の子どもへの配慮も怠らないのがプロの保育士として必要な事です。このことは保育士である以前の人間性の問題でもあります。子どもの慣れについては、情緒形成の過程として考えるなら必要なことでもあり、周りの大人のフォローがうまくいけば、問題は最小限度にとどめることができます。

2 朝の受け入れ

❶ 職員体制

まどか保育園では、どの年齢の子どもたちも朝の合同保育はなく、それぞれの子どもたちが1日過ごす自分の保育室で受け入れをしており、各保育室に年間を通して同じ大人が受け入れるという方法をとっています。たとえば朝7時から夜8時までの13時間保育の、すべての時間帯を正規職員だけで保育することは不可能です。そこで、朝7時から9時半まで、夕方4時半から7時までを基本として、資格のない時間外保育補助員を配置しています。毎日同じ大人が同じクラスの子どもの受け入れをするという体制なので、子どもたちは同じ大人が待っている保育室から1日の生活をスタートすることができるのです。

❷ 受け入れ場所

乳児の保育室には受け入れ室があり、幼児はテラスのところに受け入れコーナーを作っています。保護者の方々は朝の登園の時も夕方のお迎えの時も、受け入れ室もしくは受け入れコーナーまでは入りますが、保育室には入ってもらわないようにしています。保護者が保育室の中まで自由に出入りすると、子どもたちが朝夕、落ち着かない時間を過ごすことになるからです。

スペースの問題で、受け入れ室が作れない場合は、保育室の入ったところに、棚などでコーナーを作り、受け入れコーナーとする工夫もできます。〈右図参照〉

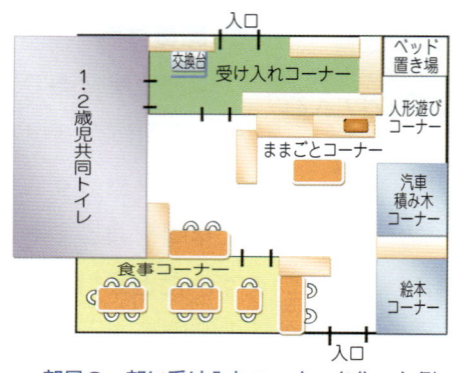

部屋の一部に受け入れコーナーを作った例

朝、登園時に、保護者の準備ができるまでは、子どもは受け入れ室にいて、準備が終わったところで保護者と別れて保育室に入ります。受け入れ室で待っている間に、保育室で遊んでいる同じクラスの子どもたちを見て、早くそちらに行って一緒に遊びたいという気持ちが高まってきますので、送ってきた保護者との別れがスムーズに行われます。

歩けるようになった子どもは自分で歩いて保育室に入るようにして、抱き渡しは特別な理由がない限りしないようにしています。これは、これから始まる長い時間の保育園生活を、自分の気持ちでスタートさせてほしいからです。決して保育園に「取り残された子ども」ではなく、主体的に保育園生活を楽しんで欲しいという、私たちの気持ちを保護者の方々にお伝えして、実現しています。

第1章 理論編／4 育児担当保育の実際

3 親が準備すること

　子どもと一緒に登園すると、連絡帳、タオルやおしぼり、食事用のエプロンなどを所定の場所に入れ、自分の子どもの引き出しに着替えを入れ、最後に子どものおむつを保育園用の布おむつに交換します。保育園ではリースの布おむつを使っています。

　朝の忙しい時間の中で、これを受け入れてくださっている保護者の方々にも感謝ですが、これは決して保育者が楽をするためにやっているのではなく、子どもの気持ちが家庭から保育園へとシフトしていくためにも必要な時間だと思っています。

3 食事

　年齢に関係なく共通のこととして、次の点があげられます。

1 食事コーナー

　食事コーナーは年間を通して場所が変わることなく、独立していることが望ましいと思わ

れます。そこから、「ここは食べるところ」という子どもたちの感覚が育っていきます。保育室の中には、他にも「遊ぶところ」「寝るところ」「おむつ交換をするところ」というコーナーが作られています。〈109ページ参照〉

❷ 事前配膳

　食事は子どもたちが食卓に着くときには配膳が終わっていて、座ったらすぐに食べ始められるというのがベストです。食卓の前に座った時が一番食べる意欲の充実している時ですから、そこで待たされずにすぐに食べ始めることができれば、意欲と行動の流れがうまくつながり、しっかり食べることにつながっていきます。何も用意されていない食卓に座らされ、何を食べるのかもわからないのに「いただきます」と言わされるのは子どもにとっては理不尽なことです。

　しかし、食事の時間に限らず、「今は何をする時」ということがはっきりしない保育をしていると、子どもが勝手に座って食べ始めるということも起こります。それは見通しの持てない放任に近い保育がされているからで、子どもに責任があるのではなく、責任は大人にあります。

❸ 温かいものは温かいうちに

　時差で食事するので、時間差で調理してもらうなど、どの子どもも温かいものは温かいうちに食べられるような工夫をしています。副食に関しては調理室で温かいものがお皿に盛りつけられ、15分間隔くらいで時間差をつけて保育室に届けられま

す。主食のご飯は保温ジャーで保温し、お汁は保温調理鍋で完全保温します。調理室との連携を取るためには、園の保育方針として職員全員で食事のあり方を考え実践することが大切です。そして、保育の日課がしっかり作られて守られていることも重要です。

④ 理想は盛りきり、食べきり

子どもの発達に即して調理され、必要な栄養量と基準となる量の食事を、おかわりもなく、食べ残しもなくきれいに食べきるのを食事の理想としています。もちろん、無理強いはせず、食べ残しやおかわりがダメというわけではありません。子どもたちも「全部食べた！」という達成感が食事に対する意欲の一つになっていきます。

⑤ ワンプレート方式

日本の食事（和食）は世界的にみても繊細で、健康的なものだと思います。そして、俗に言われる「三角食べ」を身に付けることが求められていますが、乳児にとって、主食、副食、お汁をまんべんなく食べるということはとても難しいことです。

一つのお皿に主食、副食を入れ、お汁は別のお椀で、というワンプレート方式は、この「三角食べ」をうまくできるやり方です。1998年に、白梅大学付属の白梅保育園の食事の実践記録が『食べるの大好き』（現在は絶版）という本で紹介されました。それは、当時かなり衝撃的な本で、保育園における乳幼児の食事のあり方を根本的に見直すことを考えさせられました。その後、実際に白梅保育園の食事を目の当たりにした時、ワンプレートの食事や、子どもの使うスプーンとは別に大人の介助用スプーンを用意するなど、カルチャーショックに近いものを感じました。しかし、改めて考えてみると、既成概念にとらわれず、子どもの立場に立って考えられていることや、食器やカトラリーなどについても深く考えさせられることばかりで、その経験が今の食事の取り組みの基本になっています。

　幼児になると、主食（ごはん）は茶碗で食べるようになり、お皿には副食のみ盛り付けられます。また、箸を使うようになると、ワンプレート用のお皿は使わなくなります。

❻ 体に合った机・いす

　「正しい姿勢で食べる」には、子どもの体のサイズに合わせた机やいすを用意することが必要です。いすに座っている子どものひじが、机の高さより少し上にあるのがちょうどよい高さです。

テーブルは60cm×60cmの正方形のものや、60cm×90cmの長方形のものを用意し、少人数で食べる場合は小さな机、少し増えるとこの机を2台ハの字型に並べて、介助しやすいように使うこともできます。また、初めてテーブルで食べるようになった子どものためには60cm×60cmの正方形のテーブルで高さが30cm、いすの高さは座面が16cmのものを使います。うまくサイズが合わない場合は、お尻の下や背中に座布団を入れたりしますが、それによって床に足がつかなくなるとバスマットをカットしたものを重ねて作った「足台」を使って調節します。

7 保育士の体制

　グループで時間差を持って食べる場合、遊び、食事、排泄、午睡という四つの状態が同時進行的に起こってきます。したがって、この時間がうまく流れていくためには、本来の担当保育士の人数プラス1名の補助というのが理想的です。保育園全体で話し合い、工夫する必要があります。1日の保育がうまく流れていくかどうかは、この時間にかかっているからです。

　原則として、0歳から2歳途中までは、大人は食事の援助に集中し、子どもの食事が終わってから、食事をとるようにします。

8 遊び環境の充実

　自分の食事時間になるまで子どもを集めて絵本を読んだり、手遊びをしたりして「子どもを待たせる」のではなく、「自分の順番が来るまで遊びながら待つ」という子どもの主体的な活動の時間にします。そのためには保育室の遊びの環境が十分整っている必要があります。

0歳児の食事

　食事のコーナーは、子どもが安心して食べることに専念できるように、カーテンで仕切った場所を用意しています。

❁ 初めはその子どもの生理的なリズムに合わせて

　食事は全員が一緒に食べるのではなく、登園時間や月齢などを配慮して決めた、それぞれの子どもに合わせた時間で食事をします。もちろん、集団生活なので、完全に個々のリズムで食事をすることは不可能ですが、できるだけ一人一人のリズムを受け入れながら、集団生活のリズムに近づけていくことを考え、

担当保育士と担当児の1対1の食事から始めます。

🍀 自分のリズムがつかめるまでは、他の子どもが食べていると自分も食べたくなるというのが普通ですから、食事のコーナーは最初は他の子どもからあまり見えないようにします。

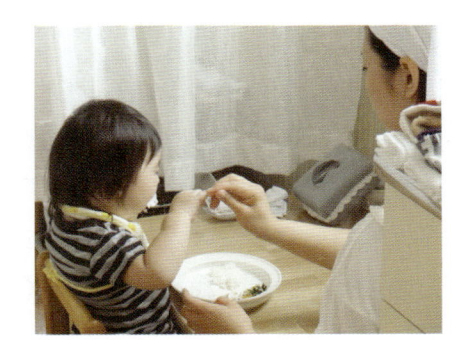

🍀 少人数で担当保育士としっかり向かい合って食べるということで、一人一人の発達に合わせた食事の援助が可能になります。子どもも自分だけにしっかり関わってくれるという安心感に支えられ、食べることに喜びを感じていくようになります。

🍀 自分のリズムが分かってくると、他の子どもが食べていてもあまり気にせず、遊んで待つことができるようになります。自分の番が来ると誘わなくても保育士の動きを見て自分から食事に来るようになります。

🍀 抱っこ食べ

　テーブルや肘掛のついていない普通の椅子に、一人で座ることができない子どもは、まだ椅子に座る体ができていないのですから、一人一人抱っこして食事をします。テーブル付きの椅子にすわらせて、数人の子どもを一度に食べさせるというやり方は取っていません。普通の椅子に座ってしっかり自分の体の姿勢を保持できるまでは、抱っこで食べるようにしましょう。抱っこ食べの場合、床に正座した保育士の膝で食べるか、保育士が椅子に座って膝に抱っこするかどちらかですが、椅子に座った方が保育士の姿勢は楽になると思います。ただし、椅子に座るということは、子どもの視線の位置が急に高くなるわけですから、場所によっては周りが気になって食事に集中できなくなることもあるので注意しましょう。

　完全に独立歩行ができるようになると、椅子に座って姿勢を一定時間保持することができるようになります。椅子に座る一つの目安として考えてみるのもよいでしょう。

🍀 手つまみ食べ

　手つまみ食べとは、何でも手でつかみ、テーブルの上も下も食べこぼしで一杯、というような手づかみ食べではありません。

　最初は大人が抱っこして、大人の持った介助用スプーンで食べさせます。やがて子どもは「これが食べたい」という意思を、

指さしをして示してくれるようになります。

　指さしが始まったらまもなく、食べ物に直接手を伸ばしてつかもうとし始めます。つかみたい気持ちが強くなってきたら、根菜のゆでたものなどを用意してお皿に盛り、つかもうとする子どもに、別に用意したお皿にそれを載せてつかませてあげるようにします。

　最初は「つかむ」ことから始まりますが、手が繊細に動くようになってくると「つまむ」こともできるようになりますので、サイコロ状のものも用意します。

　食べ物をつまむことができるようになった子どもは、まもなく保育士の使うスプーンに興味を示し、スプーンを握って自分の口に運ぼうとするようになります。この時、柄の長い介助用スプーンを使うことで、子どもの握る場所が確保されます。

　子どもが介助用スプーンに手を添えて、保育士と一緒に食べることを繰り返していくと、握力やスプーンの運び方が少しずつ育ってきます。

　子どもが介助用スプーンをしっかり握れるよう

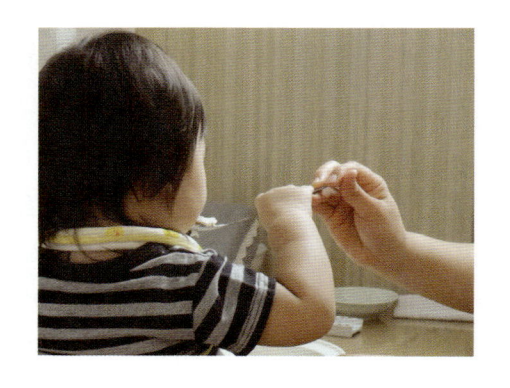

になり、食事中も放さなくなった頃に、子ども用のスプーンを用意し、自分で持たせてみます。最初はうまくすくえなかったりしますが、大人が少し手を添えてあげたり、すくい易いほうに食べ物を持っていったりすると、だんだんすくうことがうまくなってきます。

　この時大切なのは、必ずユニバーサルプレートなどすくい易い食器を使うことです〈117ページ写真参照〉。それ以外の食器ではスプーンで最後まですくいきることができず、お皿の外にこぼしてしまいがちです。

　スプーンで食べることができるようになったら、手つまみで食べる時期は終わったと考え、それ以後はいつもスプーンで食べるようにします。お箸への移行には、様々な意見がありますが、早く持たせすぎると、正しく持つことができない場合も多いので、年長になってからお箸に移行しても遅すぎるということはないでしょう。

❀子どもの食事に対する意欲や、食べることに対する好奇心、用意されたものを全部食べた時の満足感、食材への興味や味覚の発達、そして何よりも生活の中で食べるということに喜びを感じていく過程は、規則正しい日課のある生活や、育児担当保

育の中での安定した人間関係、秩序のある生活の中で食べることが保障されている安心感などによって作られていきます。大好きな大人が笑顔で食事を援助してくれる。「おいしいね」という言葉でおいしいという気持ちの共感が生まれる。その共感は初めは担当の大人との間で起こりますが、やがて一緒に食べる友達との間にも広がっていきます。

離乳食を担当する栄養士は、定期的に子どもの食事を観察し、保育士と相談しながらステップを考えていくようにします。栄養士も、単に食事のことだけを考えていればよいというわけではなく、保育園の保育方針を理解したうえで、保育現場と協力しながら子どもの食事に取り組んでいきます。

０歳の場合は人数が少ないので、調理室で時間差を作って食事を用意し、数回に分けて保育室まで届け、どの子も温かいうちに食べられるようにします。

１歳児クラスに上がるころには、ほとんどの子どもは椅子に座ってスプーンでとてもきれいに食べることができるようになります。

1歳児の食事

クラスの人数も増え、食事の時間配分が難しくなってきます。0歳児クラスと同様、時間差で担当保育士と食事をするということは変わりませんが、人数が多くなった分、食事のコーナーも広くなり、保育室の中で食事コーナーが占める割合が多くなります。しかし、この時期、遊びもだんだん活発になって、遊びのためのスペースも多く必要になってきますので、保育室の使い方を十分工夫していく必要があります。

食べるということに関しては、食べるという意識がしっかりしてくるとともに、好き嫌いなどもはっきりしてきます。極端な偏食がある子どもの場合、食事だけに問題があるのではなく、生活リズムや情緒的な安定感がうまく作れていない場合がほとんどで、その子の発達全体を見直してみることが大事でしょう。

🍀食事コーナー

食事のコーナーは独立して作られているのが望ましいと思います。

国の最低基準をクリアしている広さなら、独立させ

ることは可能だと思いますが、何かの事情で狭すぎて難しいという場合は例外として考えるしかありません。

1歳児は、他の子どもが食事をしているところが見える方が、先を見通しやすくなります。向こうで何が起こっているのか全く分からない環境は、かえって子どもを不安にさせ、落ち着いて遊びながら待つということが難しくなります。

年度初めは食事のコーナーに、扉を付けるなど遊びのスペースとの区切りが必要だと思いますが、しばらくすれば扉がなくても自分の食事時間以外に、勝手に入ってくる子どもはいなくなります。

🍀 食事へ

配膳が終わると、食事コーナーの入口に保育士は子どもが遊んでいる方を向いて座ります。それが食事の合図で、遊んでいる子どもたちを保育士が迎えに行かなくても、子どもから食事コーナーにやってきます。遊びに夢中で気づかない子どもがい

たら、遊びの援助をしている保育士が子どもに声をかけて、食事を知らせます。子どもたちは食事コーナーの中に作られているベンチの自分の場所に座り、エプロンをつけてもらい、手を拭いてもらって食卓に着きます。その際も、子どもたちに何をするのかを言葉で伝え、エプロンをつけるところでは自分から顔を少し前に出したり、手を拭くところではおしぼりに自分から手を出したりして自ら参加することを促しています。

2歳児の食事 〜育児担当保育の終了〜

　2歳児の食事の流れも、1歳児から続いていくもので、年度当初は大きな違いはありませんが、普通、保育士1人に対して子ども6人で食事をすることから始まります。2歳児の大きな特徴は保育が進んでいく中で、夏頃から様子を見て、1対6の担当グループで食べる食事から、1対9くらいの食事グループで食べるようになっていきます。つまり、この時点で育児担当保育が終わるということです。育児担当保育の大きな目的である保育園に対する安心感、大人に対する信頼感が安定してくると、次にはもっと広い人間関係の構築や、集団的な活動ができるようになっていくなどの課題が出てきます。ボウルビィの愛

着理論においても、愛着は生後6か月くらいから2歳くらいまでの間に形成されると言われています。したがって、2歳児クラスが年度末まで育児担当保育を継続することに意味はありません。しかし、例えば2歳児からの入所が多く、援助をしなければいけない子どもが多い場合もあるでしょう。その辺は子どもの姿を見ながら、やり方を考えましょう。

　やがて、食事も全員が一緒に食べるという形に移行していきますが、そのころには、大人が配膳をしている間に、クラスの子どもたちみんなで一緒に絵本を読んでもらって聞く（読みあう活動）ということが始まります。最初、大人は一緒に食べないで子どもの食事を援助しますが、援助の必要がなくなったら、子どもたちと一緒に食事をします。まだ援助の必要な子どもが多いのに、無理に一緒に食べると、援助ができないばかりでなく、急いで食べなければいけないので、大人の健康に良くない食事になってしまいます。

Q4 食べる順番が後になる子どもの食事が冷めてしまうことが気になります。調理室との連携が難しいのですが。

A4 担当保育をやるかやらないかは、保育士個人の考え方で決めることではなく、保育園の保育方針として取り組まなければならない問題です。園長以下、調理室の仕事も含めて職員全体で考え、自分の園でできる可能性を探っていく必要があります。

　これは担当保育に限ったことではなく、常に園の保育方針というものがはっきりとした方向性を持っていなければ実施できることではありません。単に今までやったことがないとか、やり方がわからないなどという方法論で是非を論じるのではなく、子ども達にとって、「なぜ」この方法が大切なのか、常に「なぜ」にこだわって下さい。

Q5 一人の子に食事をさせている時に、他の担当児が「食べたい!」という様子で泣いていたら?

A5 泣いていることはかわいそうな事ではなく、自分の順番があるということがわかるまでの過渡的な状況だと理解して下さい。

　待たせるのはかわいそうだと思って、「みんな一緒」に食事をする事で、一人一人の子どもへの援助に手が回らなくなり、手づかみや食べこぼし、あるいは器をひっくり返すなど悲惨な状況になり、いつまでたっても「良い食事の習慣」を身に付けられないことの方がかわいそうです。

4 排泄

排泄のリズムは一人一人違います。同じ時間に一斉にトイレに連れていく「強制一斉排泄」は絶対に避けたいものです。子ども一人一人の排泄時間と排泄状況を記録し、その子どもにふさわしい時間をかけて排泄の自立を助けるようにします。

❀ プライバシーを守る

どんな小さな子どもでも、人前で排泄させたりおむつを取り替えたりしないようにしています。排泄を人に見せたり見られたりするのは「恥ずかしい」ことだという気持ちは、小さな子どもでも持っていると思います。排泄に限らず、「大人が嫌なことは子どもも嫌だ」という育児の基本を大切にすることです。

❀ おむつ交換場所とおむつ交換台

保育室で他の子どもがいる前で、子どものおむつ交換を平気でする大人を見ていると、人権感覚の乏しさに心が痛みます。子どもの心の育ちに無頓着な保育は、自尊心を育て人にやさしい子どもを育てる保育につながらないでしょう。

他の子どもから見えない場所におむつ交換台を置き、そこに行けばおむつを替えるのだということを子どもが分かるようにしてあげると、子どもも今何をする時なのかをちゃんと理解して行動します。

コラム 2　おむつ交換台の工夫

　何故おむつ交換台が必要なのでしょうか？
　私が保育士になった40年近く前にも、乳児用トイレの中におむつ交換台らしきものはありましたが、そこは物置台としてしか使われていませんでしたし、やがて要らないものとしてとり払われ、代わりに、シャワーやお尻洗いの大きなステンレス槽が設置されてしまいました。そして、おむつは保育室の中のどこででも替えられていたのです。プライバシーの感覚など全くなかったといっても過言ではありません。おむつが汚れているとわかったら、子どもたちはその場で、寝かされておむつを替えられていたのです。子どもたちは嫌がって逃げ出そうとしました。だから私たちは「子どもはみんなおむつ交換が嫌いなのだ」と思いこんでいたのです。オマルも同じような発想でした。1歳児の保育目標は排泄の自立でしたし、「保育園に入園させれば、早くおむつがとれる！」というのが園の「売り」でもありましたから、私たちは1歳児クラスでおむつがとれることを目指さないわけにはいかなかったのです。保育室の中にはオマルが並べられ、いつも誰かがすわらされていました。15分おき、20分おきにおまるに座らされる子どもたち。もちろん予定通り出るわけはありません。保育園の子どもたちに集中力がないと言われる原因はもしかしてここにあるのではないかと思いました。一人一人の子どもを大切に育てる、子ども主体の保育をめざす育児担当保育に出合ってから、改めて子どもの人権やプライバシーの観点から、人目にさらさない場所でのおむつ交換やオマルを使わない保育が可能であることを知り、その時はまさに「目からうろこ」でした。

排泄の場所を決めることは、実は衛生面からも望ましいことだということは言うまでもありません。O157などの感染症が流行ると、改めてその必要性が強調されます。それ以上に私たちが驚いたのは、おむつ交換台を使い、人目に触れない場所でおむつ交換をするようになると、子どもがおむつ交換を嫌がらなくなってきたということでした。もちろん夢中で遊んでいる最中に誘ったら、断られるでしょう。遊びの途切れた時、声をかけると、なんと自分から交換台に歩いて行ってくれるようになりました。

　おむつ交換台をどこに置くかというのも大事な問題になります。衛生の観点からは当然トイレ内の設置が考えられますが、担任が二人であったりすると、一人がトイレに入ってしまうと、プライバシーの観点からも一人ずつトイレ、あるいはおむつ交換に誘うことを基本としていますので、残りの子どもたちを一人で保育しなければならなくなります。できれば部屋の隅で、トイレに近く、邪魔にならないところに置いておきたいものです。おむつ交換は替えてもらう子どもにとっては大好きな大人と1対1になれる嬉しい時間です。けれども、交換している大人は、自分の姿が、他の子どもから見えていること、他の子どもとのアイコンタクトがとれる場所にいることも、とても大事になります。

　おむつ交換台も、子どもたちの発達段階に応じて、特に0歳児クラスの場合、2種類の高さのものを用意するといいでしょう。まだ自分で移動できない低月齢の赤ちゃんは抱っこして高い方の交換台へ寝かせ、保育士の腰の負担も考えて、保育士が立ったままおむつ交換できるものがいいと思います。交換台が高いので、子どもを寝かせたら、保育士はその場を離れることができませんから、交換台の周りには汚れたおむつを収納する容器や新しいおむつ、お尻をき

れいにふくためのホットおむつや、大人の手指を消毒する物などが、危険のないように置かれている必要があります。

　ハイハイや歩行ができるようになった子どもたちは自分でおむつ交換台に行くことができるようになります。また、体重も増えてくるので、高い場所に抱き上げることが負担になってきます。動きも激しくなってくると、落下する危険性もありますので、低い交換台を使用します。これはホームセンターなどのテーブル用キット（板と脚）を利用すれば手作りすることができます。幅45㎝×長さ75㎝～90㎝程度のもので規格品があります。高さは25㎝程度のものが適しています。板の上に古いバスタオルや毛布を敷いて、上からビニールレザーでカバーをし、専用のテープと鋲を使って止めていきます。こうすることで、座っておむつ交換をする大人の膝が交換台の下に入りますので、保育士は両膝をついて交換するのではなく、正座した状態でおむつ交換ができ、腰に負担がかかりません（市販のものは膝が入らないタイプが多いので気をつけて購入しましょう）。〈写真①〉

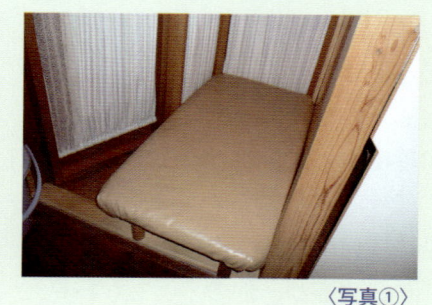

〈写真①〉

〈写真②〉

　私のいた保育園では、0歳児の部屋には朝夕、保護者が使う交換台〈写真②〉、トイレの中には、沐浴槽の上に手作りの立ったまま使用する交換台〈写真③〉、そして、トイレと部屋の

境に低い交換台〈写真①〉と、合計3台のおむつ交換台がありました。1歳児クラス、2歳児クラスにはそれぞれ、低い交換台が1台ずつ置いてありました。

　いずれの場合も、天井からカーテンをつり下げたり〈写真④〉、高さ90cmくらいの、子どもがのぞきこめない高さの間仕切りを使うなどして、周りから見えないようにすることが大事です。いずれにしても子どものプライバシーを守ることは、私たち周りの大人に課せられた大切な義務ですから、気をつけたいものです。

〈写真③〉

〈写真④〉

　またエコの観点からできるだけ布おむつを使っていく工夫（保護者が布おむつを持っていない場合には、貸し出し用の布おむつを園で用意する、保育園で洗濯・乾燥までする、業者の貸しおむつを利用する等の工夫）をしていきたいものですね。

　私たち保育に関わる大人が子どもの人権を守っているかどうか判断する基準は、「もし自分だったらどうか」と考えればよくわかります。「自分にしてほしくないことは、子どもにもしない」ということなので、なぜ交換台が必要かということはすぐに理解できるのではないでしょうか？

〈新井 寛子〉

🍀 おむつ交換はコミュニケーション

　おむつ交換の時間は、誰にも邪魔されることなくその子と二人っきりで過ごす、短いけれど大切な時間です。優しく言葉をかけ、表情を子どもに見せ、安心できる時間にしてあげましょう。両足首を片手で持ち上げて、あっという間におむつを替えてしまうというような「作業の時間」にならないように気を付けましょう。

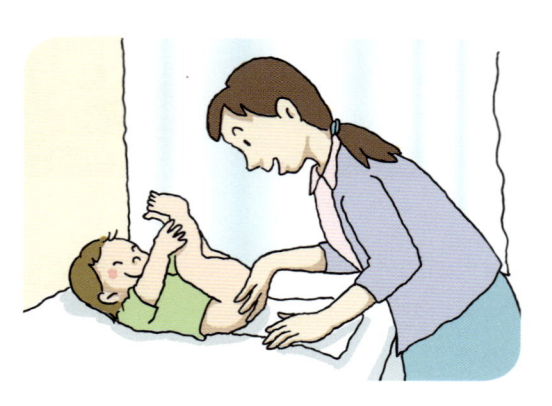

🍀 トイレ

　小さな子どものトイレも、隣の便器との間に仕切りを付けてプライバシーを守る配慮が必要です。原則として２歳児までは大人が一緒に行き、子どもだけで行かせるということはしないようにします。

　トイレットペーパーもロールで使うのは難しいので、１回分の量に切ったものをウォールポケットに入れて使用します。

🍀 布おむつ

　保育園で過ごしている時間は布おむつの使用を基本としてい

ます。おむつの中に排泄した時の不快感を感じることは大切だと思います。気持ちのいいことだけではなく、気持ちの悪い感覚も子どもには必要ではないでしょうか。

🍀 トイレットトレーニング

排泄の自立はトレーニングするものではありませんので、この言葉自体使っていません。トレーニングパンツも基本的には使用していませんので、文字通り「おむつが取れる」ときが自立の時だと考えています。大きな目標としては、個人差はありますが、3歳になって幼児クラスに上がるまでに自立していれば良いのではないかと考えています。

Q6 年齢によって、育児担当の方法に違いはあるのでしょうか。

A6 子どもの年齢が低ければ低いほど、安定した人間関係を求めてくることも強くなります。したがって、0歳児と2歳児とでは担当保育のあり方も変わってきます。

一般的に基本的には国の基準である保育士1人に対する子どもの数で決めていきます。

つまり、0歳児は3対1、1歳児は6対1（地域によっては5人または4人のところもある）、2歳児は6対1ということになります。人間関係や保育園の生活が安定していて、子どもの中にも安心感が育ってきたら、育児担当は解除していってもかまいません。その時期はそれぞれの事情で違うと思いますが、一般的には2歳の後半と考えてよいでしょう。

子どもの年齢が低いほど、担当保育士と担当時の間で繰り返される育児行為はより多くなるのは当然です。

5 睡眠

　子どもの睡眠時間や睡眠のリズムが崩れていることが問題になっています。しっかりした睡眠リズムを作らないと、発達上様々な問題が生じてきます。しかし、保育園における午睡は、子どもの生命リズムを作っていく夜の睡眠とは意味が違います。保育園の保育時間がどんどん長時間化し、保育園で過ごす時間が8時間を超える子どもたちにとって、午睡なしに1日を送ることは難しいと思います。しかし、同時に午睡時間が長すぎると、家庭で夜寝る時間が邪魔されて、深い眠りを妨げることにもなりかねません。前述しましたが、保育室を暗くしすぎたり、3時を過ぎても寝ているなどということは、むしろ夜間の適切な睡眠を妨げることにもなりかねません。

　さらに、午睡は休息なのですから、パジャマに着替えるなどということも必要ないと思います。食事がすんだらそのまますぐベッドに直行して横になります。食後すぐに体を横にして静かにしていると、食事を消化するために胃にたくさんの血液が集中し、自然に軽い眠気がやってきます（これは大人も同じですね）。

　そこで子どもたちは、本当に自然に眠りに入っていきます。「まどか保育園はトントンをしないで子どもを

寝かせるという、"冷たい保育"をしている」という非難（批判だとは思えません）を受けたことがあります。子どもを寝かせるのではなく、子どもが自分から眠るようになる保育を目指したいものです。

　午睡には布団ではなく、午睡用の簡易ベッド（コット）を使用しています。大量の布団を敷くことは大量のほこりを発生させ、ハウスダストアレルギーを引き起こすこともあります。軽量でビニール製のメッシュ状シートの上にシーツをかけて使用するコットは、ほこりの量も比較できないほど少なく、健康的にも衛生的にも優れているだけではなく、保管場所も取りやすく、保育士の労働軽減にもつながります。コットの中には重いものもあるので、購入にあたっては実物にふれて確認しましょう。

6 戸外遊び

　乳児にとっての戸外遊びは呼吸器の鍛錬につながる重要な活動です。戸外遊びを含めた日課をしっかりと作り、十分な戸外遊びを経験する必要があります。0歳児ではまだ歩く

ことのできない子どもでも、テラスなどで外気に触れて遊ぶことが大切ですし、日常的にも室内の換気を良くして新鮮な空気をできるだけ入れるようにしましょう。

　まどか保育園では朝9時になったらどの年齢の子どもたちも戸外遊びをします。雨の日は0歳、1歳の子どもたちは外で遊ぶことはできませんが、2歳児クラスからはレインコート、長靴で出られる程度の雨なら戸外遊びに出かけるようにしています。そのために、保護者にお願いして、長靴とレインコートは保育園に置いてもらうようにしています。

散歩

　園児全員が戸外で遊ぶための十分な広さを持っている園庭がある場合は別ですが、多くの保育園は園庭の狭さに苦労しています。その場合、必然的に園庭以外の戸外遊びのスペースとして近くの公園などに出かけていく必要がありますが、交通事情がきびしい現代社会では常に危険性を伴うのが普通で、十分な安全が確保されない場合は「避難車」で、子どもたちを目的地

まで移動させることは仕方のないことでしょう。

　しかし、子どもを避難車や散歩用ベビーカーに乗せてただ町内をぐるっと回ってくるだけなら、子どもにとってはその車に乗っている時間はかなりの苦痛を伴うものではないでしょうか。あちらこちらと連れ回すのではなく、できるだけいつも決まった公園などで自分の足でゆっくりでも歩いたり、少しでも自然に触れたりできるようにした方が良いと思います。「自分の足で歩いて」こそ、散歩になるのです。

🍀 乳児用園庭

戸外で十分体を動かして、運動するということは子どもの体を育てるためにとても大切なことですが、幼児と園庭を共有していると、乳児にとってはやや危険な場面が出てきます。可能であれば、乳児だけの園庭を独立させた方が、乳児も安心して遊ぶことができます。

🍀 乳児用園庭遊具

　乳児用園庭遊具になかなか良いものがありません。昔、保育園には設置基準の中にブランコ、滑り台、砂場などがありました。しかし、その基準

ができた当時は乳児保育についての基準が設けられていませんでした。そのこともあってか、乳児向きの戸外遊具は外国製のものでは色々とあるのですが、あまり開発されていないのが残念です。まどか保育園ではスウェーデン製の遊具を使用しています。

7 室内遊び

0歳児

赤ちゃんは生まれてしばらくすると、自分の手や足で遊び始めます。見る、聞く、触る、匂う、味わうという五感のすべてを使って、自分を取り巻く環境に接していきます。

この時大切なのは、過剰な刺激を与えすぎないようにすることです。テレビなどの強い音や光の刺激、流れ続ける音楽や大人の大きな声、濃すぎる味付けの食事、香料の強い洗剤で洗われた衣服などが子どもの五感の働きを鈍くしてしまいます。

おだやかで静かな大人の声、ゆっくり動くモビールのようなもの、レースのカーテンを通した柔らかな光、手触りのよい自然素材（木や布）で作られたおもちゃなどが、子どもの五感にゆっくり働きかけていきます。

握るという行動は反射的なものですから、手に握るおもちゃ

は大切です。視力はまだ弱いのですが、ぼんやりとした視界の中でゆっくり動くものを目で追い始めます。

　機械音ではなく、木と木がぶつかる音、小さな鈴の音などが自分の手の運動に伴って聞こえてくると、自然に微笑みます。

　一人座りができるようになると、両手を使って遊ぶということが急速に発達してきます。握ったり、振ったり、投げたりしながら、固い、柔らかい、重い、軽い、温かい、冷たいなどの感覚を実感していきます。これらはすべて、自分がこれから生きていく世界を理解するための初歩的な体験です。

　音や動きに対してもよく反応するようになってきますので、シロフォン付き玉の塔やスロープ人形など、動きや音を伴ったおもちゃがとても大好きです。

　叩く、引っぱる、積み上げる、重ねる、穴に物を入れるなどの運動は、手と目の協調を助けるために大切な遊びです。

乳児用のおもちゃは既製品だけではなく、保育者のセンスとアイディアで手作りすることも必要です。身近な生活道具なども工夫次第で楽しいおもちゃになりますし、歩き始めた子どものための、壁面にあるおもちゃなどは手作りした方が良いでしょう。

　うまくいった時、大好きな大人が「じょうず、じょうず」などと笑顔で応えてくれると、成功感、達成感を味わい、意欲的に自分を取り巻く環境と関わる力が育っていきます。

　また、この時期は、「いないいないばあ」に代表される、自分を見つけてもらう遊びが大好きです。０歳児の部屋には「かくれんぼう戸棚」というものを用意しています。カーテンを付

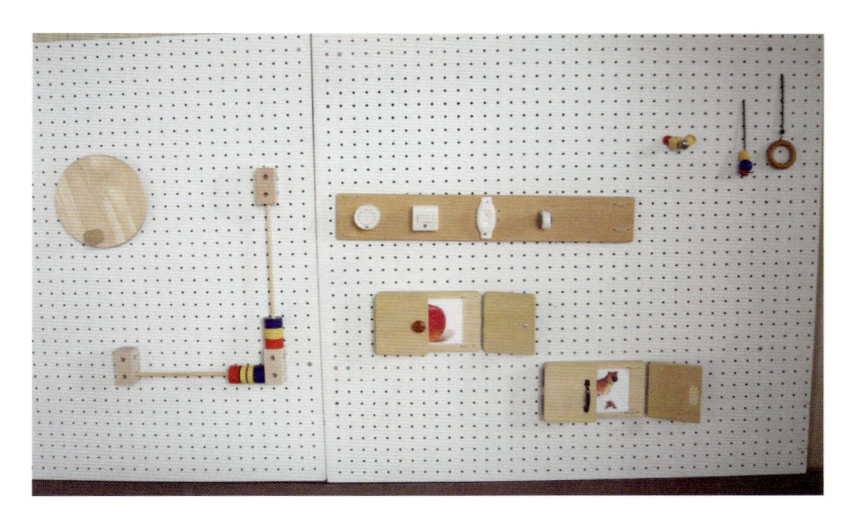

第1章 理論編／4 育児担当保育の実際

けた棚の中に入って、自分を見つけてもらうという遊びがとても大好きで、繰り返し繰り返し棚の中に入っていきます。これは、間違いなく自分が注目されている、決して見落とされていない、ということを実感するための活動なので、繰り返し何度でもやってあげることが大切です。

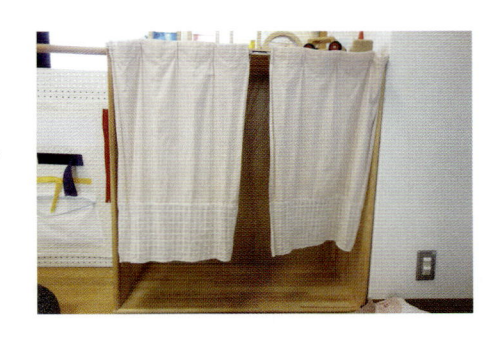

　大人の発する言葉は、その意味を子どもは十分理解しているわけではありませんが、大人の表情、声の調子、状況の理解などで、大人が考える以上に子どもの感情に対して強く働き掛ける力を持っています。子どもと1対1で向かい合ってするわらべうたも、この時期、一番大きな効果があります。

　岩手県遠野在住の伝承者、阿部ヤヱさんから学んだ日本伝承のわらべうたを子どもたちと楽しんでいる保育園もあります。ヤヱさんが本に書いたり語ったりされているように、私たちの祖先が自分の子どもたちを、人として立派に育てようとした思いがしっかりと込められているとともに、大好きな大人が自分と二人きりで向き合ってくれる喜びが、子どもの心をとらえて離さないから、何百年も伝わっ

てきたのだということが実感できます。刺激的な環境が当たり前になっている現代だからこそ、保育園の生活の中でゆったりと流れる時間を大切にしたいものです。遠野の伝承わらべうたに関しては以下の本を参考にしてください。

『わらべうたで子育て』①②　　福音館書店
『人を育てる唄』　　　　エイデル研究所

1歳児

　ひも通しをしたり、型はめをしたり、積み木を積み上げたり、並べたり、自分の手や体の機能を発達させていくとともに、様々な認識を深めていく活動をするのが1歳児の遊びです。さらに、月齢で2歳を超えて

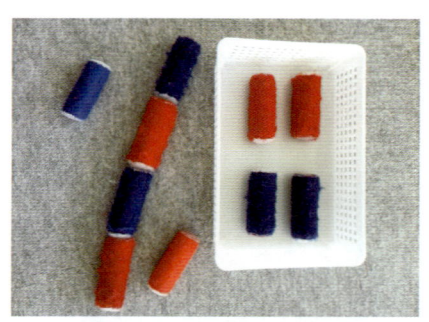

マジックテープでつながるようになっている

くると、人と関わりながら簡単なごっこ遊びが始まります。おかあさんなど自分以外の大人の行動を真似しながら、様々な見立て遊びが広がってきます。ままごと遊びに使う食材は、既製品のプラスチックでリアルに作ってある野菜やハンバーグなどを使うのではなく、様々な大きさのお手玉や、花はじき、チェーンリングなどを組み合わせて、子どもが自分の想像力を使い、見立てていくということを大切にしています。フェルトなどで

第 1 章 理論編／4 育児担当保育の実際

手作りするときも、あまりリアルになりすぎない工夫が必要です。

　ひも通しなども、手あたり次第入れていたのが、同じ色や同じ形をそろえるなど、秩序感の芽生えも見られます。簡単なパズルなどもできますし、机でやる遊びと床でやる遊びもはっきり分かれてきます。

2歳児

　自分だけが誰かの模倣をするのではなく、お互いに役を持った遊びが増えてきます。お医者さんごっこ、お店屋さんごっこなど、複数の子どもたちが役を分担して遊ぶ「役割のあるごっこ遊び」は、自我が確立し、自分と自分以外の人との関係を楽しみながら理解していくための重要な遊びです。ごっこ遊びは複数の遊びが必要なので、それに伴ったコーナーづくりが必要です。積み木なども、継続的に遊ぶ力が増えてきますので、コー

ナーをしっかり作ってあげましょう。

　秩序感もしっかり育ってきていますので、時間を超えて継続的に遊んだり、根気よく遊ぶ力も育ってきます。後半になると、ほとんど幼児と同じような遊びが可能になります。

Q7 担当をどのようにして決めたらいいのでしょうか。食事の時間帯を中心にするのか、子どもとの相性で決めるのでしょうか。

A7 一般的には食事のグループを考えて決めていくのが運営しやすいようです。もちろん、登園時間も考慮して、少人数で時間差をつけて食事をするという方法を取り入れている所は、そのやり方が一番適しているのは言うまでもありません。それを軸にしながら、担当者の経験年数や個性、子どもの個性や月齢なども併せて考えます。

　しかし、最も重要なことは1日の生活がうまく流れていくこと、特に遊びから食事、食事から午睡への流れが1日の生活の中心になりますから、やはり食事を中心に考えるのがよいでしょう。

　保育者と子どもの相性がうまく合わないということもあるかもしれませんが、それは特殊な例だと考え、特殊な対処の仕方（担当を変えるなど）が必要な場合もありますが、それはあくまでも「特別」なことであり、大人の努力でそれを克服していくというのが専門家としての姿勢だと思います。

第1章 理論編／4 育児担当保育の実際

8 保育室の環境づくり

　保育室は子どもと大人がともに長時間生活するところです。保育室は教室や作業場ではなく、生活の場であることをしっかり意識しなければなりません。家具類もできることならスチールパイプのものではなく、木製の方が落ち着きがあって良いと思います。また、一般的に「保育家具」と言われる、原色やピンクやブルーなどパステルカラーも、生活の場として考えたときはあまり望ましいものではないと思います。椅子や机は子どもの体格に合ったものを使わなければ姿勢が悪くなるだけではなく、遊びに対する集中力や、良い姿勢で食べるということなどにも良くない影響を与えます。

　装飾は生活に潤いを与えてくれるだけではなく、子どもたちに季節感を感じさせる大切なものです。従来からある、子どもを幼稚なものととらえている様な色画用紙で作るアニメ的なポップ調の装飾ではなく、草花や自然物を使ったり、季節のお話や絵本をテーマにしたような装飾は、子どもたちが質の良い文化に包まれて生活をする環境と言えるでしょう。子どもの

年齢に関係なく、良い雰囲気づくりをしていきましょう。

0歳児の部屋

　子どもが寝転んだり、這ったりすることも考えて、フローリングだけではなく柔らかな床も必要です。保育室をフレキシブルに使うことを考えると、ジョイントマットのように広さを自由に調節できるカーペットは使い勝手がいいと思います。ジョイントカーペットは、万が一子どもがおもらしをしたり、汚したりしても、その部分だけを取り替えればいいので便利です。また、床暖房がない場合でも、冬の床の冷たさに対しても大きな効果があります。

〈コーナー作り〉

　基本的には食べる、遊ぶ、寝るという活動が行われるので、それぞれに適したコーナーづくりが必要です。

♣ 食事コーナー

　食事コーナーは「ここは何をするところ」という感覚を作っていくときに、その中心となる場所だと考えています。決まった場所が設定されていて、ここは食事をするところということが見てわかりやすい事が大切です。朝のおやつ、昼食、午後のおやつの時以外は使わない場所ですが、よほど保育室に余裕がない場合は別として、基準の広さに基準の人数の子どもの場合、棚や衝立、カーテンなどで仕切り、できる限りこのコーナーは固定させる方が良いと思います。

遊んでいる場所から、食べているところがどれくらい見えるのか、あるいは食べている子どもが遊んでいる子どもの方が気になるかどうか、というようなことを考慮して、空間を決めていくのが良いでしょう。

隣で食べている子どもが気になりすぎる様な感覚過敏の子どもがいる場合、隣の席との間に衝立やカーテンをすることが必要な場合もあります。

🍀 遊びコーナー

ここは何をして遊ぶところということが分かりやすいほうが良いでしょう。ジョイントカーペットなどを使って部屋の区切りをつけると、「ここは何をするところ」という事が分かりやすくなります。椅子に座れるようになった子どもが増えてきたら、遊びのためのテーブルが必要です。床で遊ぶ遊びとテーブルで遊ぶ遊びがだんだん分かれていくようにします。

午睡の場所を常に確保できる場合は問題ありませんが、部屋の広さから、どうしても遊びを片付けないと寝る場所が取れないという場合、一斉に片づけるのではなく、今、食事をしている子どもが終わる時間を見計らって、その子どもの分だけ寝る場所を確保するようにして、最大限遊びの場所を保障してあげるように考えてください。

絵本は、まだ自分で手にとって楽しむという年齢ではありませんので、子どもからよく見えるけれど手の届かないところに、表紙が見えるように置いておきます。子どもが指さしをして「これ読んで」という要求を出しやすいようにします。絵本が床に散らばっていて、子どもが踏んづけたり、破いてしまったりし

ないよう、大人がていねいに扱っている様子を見せることが大切です。

1歳児

🍀 食事コーナー

0歳児と同じように固定されていることが望ましいです。0歳児よりも、食事をしているところが遊んでいる子どもたちから見えるようになっている方が良いでしょう。その方が、生活の流れが分かりやすくなり、先を見通す力が育ちます。年度初めには、出入りするところに仕切り扉がついている方がいいと思いますが、自分の順番が分かって、遊んで待つことができるようになるとそれは必要ないでしょう。遊びのスペースは広いほうが良いので、食事コーナーは機能的に必要な最小限度の広さにするよう、テーブルの置き方や配置に工夫が必要です。

🍀 遊びコーナー

同じように「ここは何をするところ」という、それぞれの遊びがはっきり意識できるように作ります。床で遊ぶ積み木や木の汽車レールの遊び、ひも通しやリモーザなどテーブルの上でする手を使う様々な遊び、ままごとなどのごっこ遊び等、遊びのコーナーがはっきりしている方が目的を持って遊ぶ力につながっていきます。

絵本はまだ自分で取り出すのではなく、大人が読んであげるということを通して経験する方が望ましいので、手の届かないところに表紙を見せて置くような工夫が必要です。読んであげ

る時は子どもが壁に向かう方向で読むようにした方が、遊んでいる子どもたちが目に入らないので絵本に集中できると思います（複数の子どもに読む場合）。ただ、この時期は「絵本読んで！」という子どもの要求は、「自分だけにかかわって！」という意味合いの方が強いので、それを理解した上で上手に関わりましょう。

　畳やカーペットなどで、ゴロゴロできるような場所も、長時間保育園で生活をするこの年齢の子どもには必要でしょう。

2歳児

🍀 食事コーナー

　先にも述べたように、2歳児の1年は、育児担当保育の成果が達成されて、幼児につながる集団生活を伴った形に生活が変化していく時期です。多くの子どもが月齢3歳を超えている場合、その時期は少し早くても大丈夫だと思いますが、そこはクラス担任が話し合って決めていきます。

　育児担当グループでの食事がなくなり、食事グループで食べるようになるころには「食事コーナー」も常設しておく必要はなくなっていきます。幼児と同じように、食事の時間になったら、遊びの場所を移動してもらって、子どもたちが遊んでいる傍らで、食事をする形態にテーブルを並び替えます。遊び、食事、午睡の流れがうまく作れるように、日課の流れを作り、空間の使い方、保育士の動き方を工夫しなければなりません。

🍀 遊びコーナー

　遊びコーナーも積み木などはだんだん継続して遊ぶようになってきますので、コーナーづくりも変えていく必要があります。子どもは自分が作ったものを保育室に飾ってもらうことで達成感を感じるので、飾る場所を作ったり、また、より細かい手の使い方が要求されるようなおもちゃを用意しましょう。集中し、それを持続できるように、テーブルで遊ぶ場所を増やすなど遊び環境を作ることが必要です。

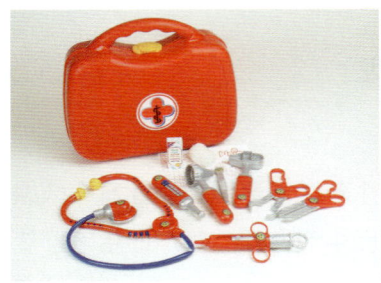

　年度の後半には基本的に、みんなで一緒に絵本を読んでもらい、みんなで一緒に食事をするという、幼児の生活と同じパターンになってきます。それに伴って、生活時間の変化も必要で、年度初めには11時過ぎに食事を始めていても、後半には11時台後半にスタートと、幼児の日課に近づけていくよう考えて、年間計画や日課を立てるのが2歳児ではとても大事なことです。乳児の生活や遊びから、幼児の生活や遊びへの橋渡しがうまくいくと、幼児の生活に楽に入っていくことができます。

9 職員の動き・勤務ローテーション

　保育園の生活時間が長くなっていくことに伴って、保育士の勤務時間のローテーションの組み方も難しくなってきました。まどか保育園は定員90名の保育園で、現在102名を限度として受け入れています。朝7時から夜8時までの13時間保育をしており、正職の保育士以外に、時間外勤務専門の保育補助員の助けを借りて運営しています。朝は7時から9時もしくは9時半、夕方は16時半から19時という時間帯で、朝夕それぞれ5人ずつで受け入れ等を担当しています。

　したがって、すべてのクラスの朝の受け入れはそれぞれのクラスですることになっていて、朝の合同保育はありません。保育園という施設に預けられるのではなく、「昼間の家」に来るという感覚で過ごしてほしいので、子どもたちは朝、保護者と一緒に登園すると直接自分の保育室に直行します。そこにはクラス担任の誰か、もしくは時間外保育補助員が待っています。時間外保育補助員も年間同じ人が同じ保育室にいて、年度が替わっても継続してもらえる場合は持ち上がりを基本としていますので、子どもたちを毎朝必ず同じ大人が迎えるという体制にしています。

　勤務ローテーションは早番、普通番、遅番という3部制でそれぞれのクラスでローテーションを組んでいます。クラス担任、時間外保育補助員以外に完全フリーの保育士を2名置いているので、休暇等に対応できるようにしています。

　勤務ローテーションは1週間交代制です。毎日変わることは、保育士の生活リズムや生理的なリズムを守る観点からあまり感

心できません。また、子どもたちから見ても、毎日同じ保育士が1週間受け入れてくれることが大きな安心につながっています。

Q8 育児担当保育をすると休めないと聞きますが。

A8 担当保育士が休みを取った場合、通常は同じクラスの保育士が第2担当として、担当の休んでいる子どものお世話をするようにします。もちろん、補助としてフリー保育士が入りますが、協力し合いながら、直接子どものお世話をするのはクラス担任が中心に行います。子どもは担当保育士との間に確かな信頼関係（愛着）が形成されると、同じ保育室で生活する他の保育士との関係も徐々に受け入れていきます。入園間もないころや年度の初めの、まだ不安が強い場合は別として、担当保育士がいないことで子どもがパニックになるというようなことは通常はありません。不安な1日も、翌日には解決されるのですから、そのような経験も子どもの情緒発達の上では必要なことでしょう。育児担当保育は決して大人同士の関係が孤立するのではなく、保育士同士の強い協力関係があってこそうまくいくのだと思います。

Q9 保育士同士の連携を進めるために、効果的な学習方法は？ 特に公立保育所の場合、毎年人事異動があるため、新しい職員に正しく伝えることが難しいのですが。

A9 何より大切なことは、保育士同士の共通理解です。そのためには十分話し合い、実施されている他園を見学し、できることから取り組んで

いくことです。育児行為すべてに担当保育をできなくても、食事だけでも安定させることができれば、それなりの効果は見られます。しかし、そこで満足するのではなく、最終的なイメージを持って進めていく必要があります。

　人事異動があるとはいえ、１年間の担当をできないわけではありません。民間保育園においても職員の入れ替わりがあるのですから、担当がそのまま持ちあがるという事は難しい場合もあります。複数担任の場合、１年間の見通しを持つためにも一人は残しておくことも大事なことです。また、的確に伝えていく方法として、必要な留意点などを書きだし、ガイドラインを作るということも良いでしょう。

　いずれにしても、共通理解の土台として十分話し合っていく事が、スタートするための必要条件です。

コラム 3 子どもに優しい保育園
~勤務体制の側面から~

　私たちは子どもに優しい保育園を目指したいと考えていました。つまり子どもが中心、子どもが主体、子どもの権利が優先される保育園にしたいと考えていました。子どもの権利が優先されるとはどういうことでしょうか？「人権」という概念は「より弱い立場の人間が、より強い立場の人間に対して、自分の権利を認めてもらう権利」を言うのだそうです。憲法は権力を持つ「国」に対して私たち国民が自分の権利を守るために国の権力を抑えるためにあるという話を最近よく聞きます。つまり、憲法は国民の人権を守るためにあるというわけです。子どもの権利条約は、一人一人の子どもに、生まれた瞬間から、一人の人間としての権利を保障するものです。では、保育の現場ではどうでしょうか？保育園に関わる全ての職員、保護者、そして子どもの三者の中で、一番弱い立場にいるのが子どもです。だから本来は保育園では、まず子どもが自分の権利を主張できるというわけです。けれども子どもはその術をもちません。誰かが本当に子どもの立場に立って、代弁しなければ、子どもはいつも、保護者の権利や保育者の権利の陰に隠れて（と言うか、振り回されて）犠牲になっていることが多いのではないかと思うのです。

　例えば、ある公立保育所では、19時までの保育をしています。17時になると乳児クラスの子どもは、一つの部屋に移動して保育を受けます。2歳の部屋に集まるとすれば、0歳のおもちゃは2歳の部屋にはなかったりします。幼児クラスもまた、一つの部屋に集まります。事情は同じです。その時間は「ただ待っている時間」になりがちです。さらに、18時になると子どもたちは全員が一つの

部屋に集められます。その部屋にそれぞれの年齢に合ったおもちゃが揃えられないのは仕方がないことになっています。しかも、毎日部屋が変わるというのです。理由は、最後まで使われる部屋は、次の朝使う前に、おもちゃを片づけたりしなければならないので、毎日同じ部屋を使うのは、部屋の担任が大変だからというのがその理由です。保育園にいる時間が長いだけで、疲れてストレスをため込んでいる子どもたち、落ち着いた遊びも保障されていない子どもたち、さらに毎日夕方になると部屋を移動しなければならない子どもたち、しかも日替わりで…。しかも毎日違う大人たちと…。これが現実です。

　朝も早くから登園してくる子どもたちにとっては似たような状況が待っています。出迎えてくれる大人が日替わりで違う、知った顔だとホッとするけれど、乳児クラスの子どもを、幼児クラスの担任が出迎えることもよくあります。輪番制で、毎日変わることも多い、そんなとき、人見知りの時期の子どもでなくても、不安がって泣いてしまうのは当たり前、でも保育園だから仕方がない、それでいいのでしょうか？毎日部屋が変わったり、人が変わったりするのは、保育する大人の勤務の平等が最優先されているためではないでしょうか？

　早朝と夕方遅くに、短時間の補助職員を配置して、毎日決まった人が出迎え、また、送ってくれるそんな環境を整えている恵まれた園もあります。自分の部屋で過ごす時間をできる限り長くとっている園もあります。けれども、ほとんどの園では、保育士の勤務時間が8時間ということもあって、今までどおりの8時間開所の時代の感覚で、9時から16時半か17時までが保育の核で、その前後は付け足しの時間という発想が根底にあるように思えてなりません。

保育園に来た時から帰るまで保育を受ける権利が子どもたちにはあるのです。大人はできる限り子どものその権利を保障しなければなりません。私が主任になって5年目の1992年に園長が交代し、育児担当保育を導入して、保育の見直しを始めてから、私は職員会でこんな提案をしました。「もし、自分が早朝勤務を続けてもいいと思う人は、名乗り出てほしい」と。

　私が保育士になった1975年頃、保育園は8時開所、18時まででした。7時半開所が決まったのは、1984年度からでした。園には早朝のパート職員を採用するゆとりはないし、この時間に働ける人を見つけることは難しいという事情もあり、常勤保育士だけで回さざるを得ませんでした。当時は毎日日替わりで、7時半勤務を回していたのです。朝の受け入れは大変でしたが、私たちは仕方がないと思っていたのです。けれども子どもの立場に立って見れば、毎朝、誰に迎えられるかわからない、日ごろ見たことのない保育士が迎えるということは、特に乳児クラスの子どもたちにとっては大変な負担です。そうでなくても、大好きなお母さんお父さんと別れなくてはならない辛い時間帯をますます不安にしていました。できるだけ7時半勤務を固定化したいというのが私の願いでした。開園以来、私の園では早出、中出、遅出の勤務を3日ずつ、順に回していました。早出の一人が、7時半出勤をするのです。当時はまだ、7時半に来る子どもは少なく、一人でできる範囲でした。週40時間労働で4週サイクルの勤務表を作っていました。実労働時間は7時間半、休憩45分で拘束時間は8時間15分。土曜日は原則4時間勤務。4週間で160時間を超えないように、職員会は4週に2回、2時間ずつ計4時間。労働時間の超過分は土曜日に休みを入れることや、代休をいれることで調整するというのが園の勤務体制でした。

毎日7時半に出勤するということは15時45分に勤務が終わります。それではまだおやつの時間が終わらないので、毎日30分、超過勤務をしてもらい、4週で10時間の分の超過勤務を土曜日に2回休みを入れ、後の2回の土曜日に1時間ずつ勤務の短縮をしてもらうことで、乗り切ることにしました。7時半出勤は遠距離通勤の人には負担が大きいのですが、近所に住む職員には希望する人がいるかもしれない、一人では休みの時が大変なので、年間を通じて二人、しかも早く来る子どもがいるクラスの保育士にお願いする。そんな工夫をしていました。そうすることで、朝の子どもたちは次第に安定していきました。ところが、開所時間が夕方も延びることになりました。そうなると、幼児クラスの子どもたちが「今日の遅番だれ？」と聞くようになったのです。これはまだ輪番で18時半までの勤務を回していたためでした。常勤保育士が18時半までの勤務をするとなると、10時15分に出勤してくることになります。また、保育時間が18時半に延びると、お迎えが遅れた場合、誰が残るのか？その超過分はどう解決するのか？夕方の時間に関しては11時間開所に対する補助金が出ていたこともあって、私の園でも初めて、時間パートの方を毎日16時から18時半まで来てもらうことができました。そのことでも子どもたちは随分安心したと思います。主任として、私も毎日、最後の子どもが帰るまで、保育園にいる日は残るようにしていましたので、子どもたちの安心感が伝わってきました。

また、クラスごとに、登園してくる子どもの時間帯が違います。そのため時差を細かく刻み、クラスごとに出勤時間を変えたりしました。勤務表は複雑で、毎月変わるので、シフト作りには大変苦労したのを覚えています。

〈新井 寛子〉

10 子どもを一人の人格として尊重する保育を

　育児担当保育で1対1で子どもと関わっているから、「丁寧な保育をしている」と言えるわけではありません。保育者がどんな小さな子どもでも、一人の人格を持った人間として認め、大切にしているのか、今、この子どもの気持ちになって一つ一つの行為ができているのかどうか、ということが大切なのです。子どもを一人の人間としてしっかりと見つめること、つまり人権の視点があるのかどうかということが問われていきます。

　一人一人抱っこして食事をしているけれど、まるで機関車に燃料を放り込むように、食べ物をどんどん口に詰め込まれている光景を見たことがありますが、そんな目に合うのなら1対1より1対3くらいでやってくれた方が、子どもの被害は少なくなります。大勢の人が行きかうような場所で、0歳児が集団で食事をさせられているのを見たときも、この環境で0歳の子どもが落ち着いて食べる気持ちになれるのだろうか、ここにいる大人の誰がこの小さな子どもの気持ちを感じ取っているのだろうかと思いました。食べるということは単に空腹と栄養を満たすということではないのは0歳児でも同じだと思うのです。

　まだ食べている子どもの目の前で、他の子どもの食べ残しを

餌のように処理したり、食べ終わった食器をどんどん片づけたり、食器の中に指を入れていくつもの食器を運んだり…。午睡の布団を敷くとき、布団をほうり出すように置いたり、敷いた布団の上を平気で歩き回ったり（子どもが布団の上を歩くと叱られるのに！）、保育室で、他の子どもがいる前で平気でおむつ交換をしたり、1枚のティッシュで3人の子どもの鼻を拭いたりする場面が繰り返されるような保育園にはなりたくないですね。

大人がされて嫌なことは、どんな小さな子どもでも嫌なのだという思いを持って保育していきたいものです。

保育園が「待機児ゼロ」を達成するために、より低年齢、より長時間、そして大規模化されていく中で、「一人一人の子どもが幸せな時間を過ごす保育園」の存在が危うくなっています。家庭にいれば親から、保育園にいるときは保育者から「自分が愛されている」という実感を、あふれるほど感じ取って欲しいと思います。

育児担当保育

とは、大人と子どもが互いに信頼し合い、共に生きる喜びを共感しつつ、その共感を通して子ども自身が大人をモデルとして成長していくという、人間本来の発達を助けていくために絶対必要な方法だということができます。ボウルビィの「愛着理論」によると、特定の大人との間に強い信頼関係（愛着）が形成されることで、様々な人との関係をより良い方向で作っていくことができるようになる、と言われています。育児担当保育は単なる保育システムではなく、生きた保育の方法となっていくためには、一人一人の保育者の子どもに対する「保育の心」が問われていくのではないでしょうか。

コラム 4　園内研修について

　園内研修を行う目的は、まどかの保育を職員間で共有し、皆が同じ方向性をもって保育ができることにあります。なによりも大事なのが職員間の対話・会話です。しかし、クラス間の職員同士は日々、意識して話し合いの時間を作っていますが、他の職員との会話となると中々作れないというのが現実です。そこで大切になってくるのが園内研修。

　まどか保育園では、年間8～10回の樋口理事長による園内研修があります。これが柱となる研修です。内容は、各ルームの保育の様子をビデオで撮り、実際に映像を見ながら保育を確認して共通理解を図る場としています。実際に自分の保育を映像で見てみると、自分が思っている以上に適切に子どもと関われていないと感じる場面があったり、表情が乏しかったりすることもあり、多くの気づきがある研修になっています。

　また、それ以外の園内研修としては、以前にサークルを作ったこともありました。研修というとどうしても堅苦しい物になりがちなので、まどか保育園で大切にしていることを楽しみながら学べたら良いという目的で、「絵本サークル」「わらべうたサークル」「物づくりサークル」を立ち上げました。保育園でサークルの活動費を捻出して、絵本の展示会へ行ったり、わらべうたの講師をお招きしたりもしました。基本的な活動はサークル毎に決めた部長と副部長が企画立案し、毎月1回平日の夕方にサークル活動を行いました。職員はどのサークルに所属してもよく、三つ全てに参加している人もいました。絵本サークルは好きな絵本を持ち寄って、その理由やそ

の絵本に纏わるエピソードを紹介し合ったり、絵本作家について調べあったりしました。わらべうたサークルは、遠野のわらべうたを実際にうたってみたり実践しあったりしました。また、遠野のわらべうたの意味などについても深く掘り下げることのできる機会となりました。物づくりサークルは、手作りおもちゃを作ったり、人形の洋服を作ったりしました。また、全員出勤の土曜日などは、物づくりサークルのメンバーが職員のために、これも物づくりだと言って昼食を作ってくれることもありました。

　しかし数年サークル活動をしていくと、今度は内容が頭打ちとなってきて、企画もマンネリ化し「楽しくやりたい」から「やらなければならない」へと変化していきました。このように、当初の目的とは違うようになってきたことをきっかけとして、サークル活動は休止として、自主的にまどか保育園で大切にしていることをテーマとして勉強をする「自主勉強会」が立ち上がりました。サークルの部長・副部長を中心に内容を考え、まずは、各クラスの環境について全体で勉強することとしました。

　この環境についての勉強会について具体的にお話します。月１回一つのクラスについてみんなで勉強するのですが、例えば５月は０歳クラスの勉強会だとしたら、その勉強会当日の１週間前までに、職員全員が０歳のクラス環境を自分の空き時間に見ておき、その部屋の素敵だと思うところと疑問に思うところを最低一つずつ挙げ、無記名で係に提出します。それを係がまとめ、当日の勉強会の資料とします。当日はその資料をもとに一つ一つの環境を確認していきます。例えば素敵なところでは「装飾が季節感がありきれい」という意見であれば、その装飾がどういったものなのかをみんなで見ます。疑問に思うところでは「壁掛けのおもちゃの高さは合っている

のか？」「ままごとの食材が少なくないか？」といった意見であれば、みんなでそのことについて考えます。この勉強会の面白いところは、普段過ごしているクラスでは見落としがちなことも、他のクラスの職員が見ることで、気づきや新たな発見があることです。そしてその気づきや発見を実際に取り入れてみて、翌月の勉強会で再度発表するようにしました。「壁掛けのおもちゃの高さは合っているのか？」は幼児の担任が1歳クラスの勉強会の時に、「もっと高くしてみたらもっと遊ぶのでは」と発案し、実際に高さを高くしてみると、「背伸びをして今までよりもよく遊んだ」という結果になりました。これにより、職員全体で今まで以上におもちゃの高さについて、共通理解と意識の向上ができました。もちろん、やってみたけどあまり変わらなかったということもいろいろありましたが、みんなで話し、考えてやってみたことが大切な時間となっていました。また、素敵な点、疑問点を無記名で事前提出する方法もとても良かったです。若手職員は中々こういった場面では意見しにくいものですが、無記名の事前提出にすることで、色々な疑問を出してくれます。ある時の勉強会で新人から「部屋になぜ天蓋がついているのですか？」という質問がありました。正直言ってそんなことは事前研修でいってあるでしょ、とも思ったのですが、そういった意見も大切にし、「天蓋には二つの意味があって、一つは天蓋をすることで部屋の雰囲気がお家のような素敵な雰囲気になることと、もう一つは天蓋をすることで子どもから見た天井の高さが低くなり、安心できるスペースとなる」ということを、改めてみんなで再確認しました。こういう再確認や話

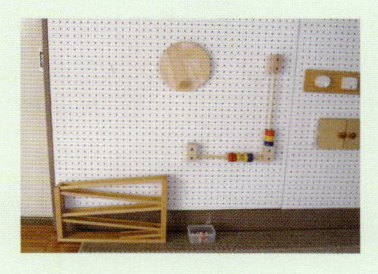

し合いでみんなの共通理解が一つずつ広がっていきました。天蓋でいうと、まどか保育園ではこの勉強会を通じて、それまではままごとコーナーにしか掛けていなかったものが、発達も含めて気になったり落ち着かない子どもが多い部屋には大きめの天蓋を掛けて落ち着けるスペースを広げたり、おむつ替えのスペースには必ず天蓋をし、より安心できるよう工夫するようになりました。要するにこの時間で、正解を出し合うものではなく、職員全体で意見を持ち寄り、時間を共有し、まどか保育園としてこうして行こうという、方向を見つけていくことができました。まさに共通理解を図る場となりました。

　この勉強会もその後は、環境から食事、絵本、自然とテーマを変えていき、いろいろなことで共通理解を図るようにしてきました。カードゲームやボードゲームも職員が知らないと子どもに伝えられないので、みんなで夕方遊んだりもしました。

　また、園内研修、勉強会ともに保育士だけでなく、栄養士も参加します。そうすることで保育と食の共通理解が図れ、より保育と食のつながりがもてるようになりました。研修の時間も、より多くの職員が参加できるように、18時30分から20時30分の2時間としています。この時間に開催することで、遅番勤務の2名以外は参加できます。研修の様子は毎回ビデオに撮り、参加できなかった遅番の二人にも見てもらい、全員で共通理解が持てるようにしています。

　こういった園内研修や勉強会を共通理解の場として学びあっていますが、それでも職員の入れ替わりもあり、新人には数年前の勉強会は共有していないこともあるので、そういったことをどう伝え、共有していくのかが今後の課題として残っています。〈宇野 直樹〉

第 2 章　実践編

実践1　育児担当保育の実践
〜まどか保育園の乳児保育　概要〜

髙野 美千絵（まどか保育園）

なぜ育児担当保育なのか

　まどか保育園の乳児クラスでは一人一人の子どもの発達をその状況に合わせて援助していけるように育児担当保育を導入し、子ども達が大人との関係を好ましいものと感じられるよう接しています。家族と離れて生活する中で、保育園が子ども達の"第二の家庭"となり、不安なく安心して過ごせるため、私達は家庭で言う親のような存在でありたいと考えています。

　乳児期に最も大切なことは、人間に対する信頼感を育てることだと考えています。特定の大人との信頼関係が築かれることにより、その他の自分と関わってくれる大人に対しても信頼関係を持つことが出来るようになります。人は人との関係の中でしか人になることが出来ず、大好きな人を模倣することから人間としての大切な心が育っていくのだと思います。大人と子どものより良い関係を確立し、人を信頼することで、自分自身の存在に自信を持ち、他人に対して優しい人になれることを願って、育児担当保育をしています。

育児担当保育の実際

０歳児クラス　ふたばルーム

　ふたばルーム（０歳児クラス）は子ども９名、大人３名で生活しています。担当は大人１名に対して子ども３名を基本としています。生活の中心となる"食事""排泄"は基本的に担当が関わり、決まった大人が決まった子どもの世話を継続していきますが、遊びの中ではより意識的に全員と関わるようにしています。また午睡も担当がつくことが前提ですが、必ずつくとは決めておらず、生活の流れによってつくことのできる大人がつきます。安心して眠りにつけるよう配慮をしているため、基本的には担任が側につきますが、年度初めの落ち着かないときなど、流れによっては、担任以外のフリー保育士が午睡につくこともあります。午睡につくときには子守唄をうたったり、手を添えたりし、大人が傍につくことで安心した空間を作ります。毎日同じ流れを繰り返すことにより、個人差はありますが、子ども達は次第に大人が傍につかなくても見守られているという安心感の中で、スムーズに眠りにつくことができるようになります。

　担当は子どもの月齢や様子によって決めています。月齢や登園時間により食事の時間が異なるため、食事の時間が近い子どもを同じ担当にしています（年度の始め、１対１での食事対応が多い場合には難しいのですが、複数での食事を考える時には食事の時間が近い子どもを同じ担当にすることが多くあります）が、様々な事情によって変えることもあります

ので、毎年苦労をするところです。今までに年度途中で担当を変えることになった理由としては、食事を1対1から複数での食事にする時に、担当をしている子どもの発達や食事の時間に差があったためでした。他にも人と人との関係なので、相性の問題もあります。年度の途中で担当を変える場合には、引き継ぎや連携をしっかりと行うようにしています。

4月 ふたばルーム（0歳児クラス）　子ども6名・担任3名

〈担当〉

| 保育士Ⅰ…**A**（4月生まれ）、**B**（5月生まれ） |
| 保育士Ⅱ…**C**（5月生まれ）、**D**（5月生まれ） |
| 保育士Ⅲ…**E**（4月生まれ）、**F**（5月生まれ） |

　ふたばルーム（0歳児クラス）の担当は、子ども達を月齢ごとに分けて担当を決めることが多いのですが、この年度の子どもは月齢が近いため、担任の経験年数や第一子か兄姉がいるのか等の家庭状況を踏まえた上で決めています。

〈日課表〉

時間	子どもの流れ	早番	普通番	遅番	フリー
7:00	C 登園	出勤　環境整備			
7:30	E 登園	あそび援助			
8:00	D 登園				
8:15	A 登園		出勤		
8:30	B,F 登園 午前寝※個人	おむつ交換	おしぼり・着替え準備・お茶、ポットの用意		8:30～9:30 あそび援助
9:30	室内・テラスあそび	保育士Ⅰ あそび援助	保育士Ⅱ	出勤 保育士Ⅲ	
10:20		おむつ交換	食事準備		
10:30	C,E 食事→午睡		C: 食事介助→午睡 あそび援助	E: 食事介助 食事準備	10:30～11:30 コット敷き
10:55	D,A 食事→午睡	A: 食事介助 食事準備	おむつ交換	F: 食事介助→午睡	あそび援助
11:20	F,B 食事→午睡	B: 食事介助 食事片付け 連絡帳記入	D: 食事介助→午睡 連絡帳記入	連絡帳記入	
		簡単な話し合い	簡単な話し合い	簡単な話し合い	

第 2 章 実践編／実践 1 育児担当保育の実践 〜まどか保育園の乳児保育 概要〜

時間	子どもの流れ	保育士Ⅰ	保育士Ⅱ	保育士Ⅲ	フリー
		休憩	休憩	休憩	
14:00	起床、検温	あそび援助 おむつ交換	あそび援助 おむつ交換	あそび援助 おむつ交換	
14:20			食事準備		
14:30	C,E 食事		C: 食事介助	E: 食事介助 食事準備	14:30〜 18:15
14:50	A,D 食事	A: 食事介助 食事準備	あそび援助	F: 食事介助 あそび援助	あそび援助
15:10	B,F 食事 おむつ交換 室内・テラスあそび	B: 食事介助 食事片付け・帰りの支度	D: 食事介助	あそび援助	
		早番	普通番	遅番	
15:45		退勤	あそび援助 おむつ交換	あそび援助 おむつ交換	
	順次降園				
17:00	A 降園		退勤		部屋の掃除・おもちゃ洗い・ごみ箱洗い・ごみ捨て・蒸しおむつ干し・給湯器消し・戸締り・プレイルーム掃除
17:30	B,C,D 降園				
18:00	E,F 降園				
18:15				退勤	
20:00	閉園			おむつ集計・おむつ容器洗い・献食片付け・登降園簿集計・おむつ補充	

＊担任が揃う 9 時 15 分から 15 時 45 分までの流れは毎日同じです。
　勤番は 1 週間交代で回しています。

12月 ふたばルーム（0歳児クラス）　子ども 9 名・担任 3 名

〈担当〉

保育士Ⅰ…A（4月生まれ）、B（5月生まれ）、F（5月生まれ）
保育士Ⅱ…C（5月生まれ）、D（5月生まれ）、I（3月生まれ）
保育士Ⅲ…E（4月生まれ）、G（6月生まれ）、H（10月生まれ）

〈日課表〉

時間	子どもの流れ	早番	普通番	遅番	フリー
7:00	C,H 登園	出勤　環境整備 あそび援助			
8:15	A,D,G 登園	おむつ交換			8:15〜 8:45
8:30	B,E,F,I 登園				あそび援助
8:45			出勤 おしぼり・着替え準備・お茶、ポットの用意		
9:15				出勤	

時間	子どもの流れ	保育士Ⅰ	保育士Ⅱ	保育士Ⅲ	フリー
	テラスあそび H,I（午前寝） 戸外あそび A,B,C,D,E,F,G	A,B,C,F ：身支度援助 あそび援助	テラスあそび援助 おむつ交換	D,E,G ：身支度援助 あそび援助	
10:00	戸外→室内へ 室内あそび	A,B,C,F ：身支度援助 おむつ交換		D,E,G ：身支度援助 おむつ交換	
10:30			コット敷き	食事準備	
10:40	C,D,H 食事→ 午睡		C,D：食事介助 食事準備	H：食事介助→ 午睡	
11:00	A,B,F,I 食事→ 午睡	A,B,F ：食事介助	I：食事介助→ 午睡 おむつバケツ洗い		
11:20	E,G 食事→午睡	連絡帳記入	連絡帳記入	E,G：食事介助 →午睡 食事片付け 簡単な話し合い 連絡帳記入 休憩	
		簡単な話し合い 休憩	簡単な話し合い 休憩		
14:00	起床、検温	おむつ交換 あそび援助	おむつ交換 あそび援助	おむつ交換 あそび援助	
14:30				食事準備	
14:40	C,D,H 食事		C,D：食事介助 食事準備	H：食事介助	
14:55	A,B,F,I 食事	A,B,F ：食事介助	I：食事介助	あそび援助 食事準備	
15:10	E,G 食事	A,B,C,F ：身支度援助	あそび援助 連絡帳記入、おむつバケツ、支度かごを戻す	E,G：食事介助 食事片付け・帰りの支度 F,I：テラスあそび援助	15:30～ 18:30 D,E,H：身支度援助
15:30	テラス・戸外あそび				
15:45		**早番** **退勤**	**普通番**	**遅番**	
16:00	E 降園				
16:20	戸外→室内へ 室内あそび		おむつ交換、室内あそび援助	室内あそび援助 おむつ交換	室内あそび援助
17:00	C,I,G 降園			おむつ集計・おむつ容器洗い・献食片付け・登降園簿集計・おむつ補充	おもちゃ洗い・掃除機・ごみ箱洗い・ごみ捨て・蒸しおむつ干し・給湯消し・戸締り
17:30	A,B,F,D,H 降園		**退勤**		
18:00	延長保育（乳児クラス合同）			**退勤**	
20:00	閉園				

第 2 章 実践編／実践 1 育児担当保育の実践 〜まどか保育園の乳児保育 概要〜

4月 ふたばルーム（0歳児クラス）
〈レイアウト〉

壁掛けのおもちゃ ★
指先を使うあそび（引く、つまむ等）を中心につかまり立ちで遊べるような高さにおもちゃを取りつける。

食事コーナー
抱っこ食べ用机2台。
集中して食べられるように環境を整えている。（食事コーナーの回りをレースで囲う、壁向きに机を配置する。）

おむつ交換スペース
部屋から排泄の様子が見えないよう囲う。

かくれんぼ棚
子どもが中に入り、隠れてあそぶことができる。

テラス
テラスにはゴザを敷いて過ごしている。

7月 ふたばルーム（0歳児クラス）
〈レイアウト〉

壁掛けのおもちゃ
子どもの発達に合わせて壁掛けのおもちゃを変更する。木の扉には鍵がついており、日常生活の中での興味を満たせるように用意。

食事コーナー
子どもが自分ですわって食べるように高さの低い机を2台用意する。机と机の間はレースのカーテンで仕切り、隣の様子が気にならないように配慮している。

ままごと
"食べる""飲む"ことの模倣から始めたいため、皿やコップを中心に用意する。流し台の高さは子どもの身長に合わせ、下げる。

机上あそび
初めは机1台、椅子2脚を用意した。つかまり立ちをしながら、机上で遊ぶ子もいたため、椅子は少なめに用意し、様子を見て増やしていく。

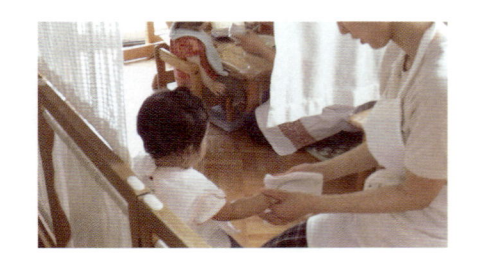

第2章 実践編／実践1 育児担当保育の実践 〜まどか保育園の乳児保育 概要〜

12月 ふたばルーム（0歳児クラス）
〈レイアウト〉

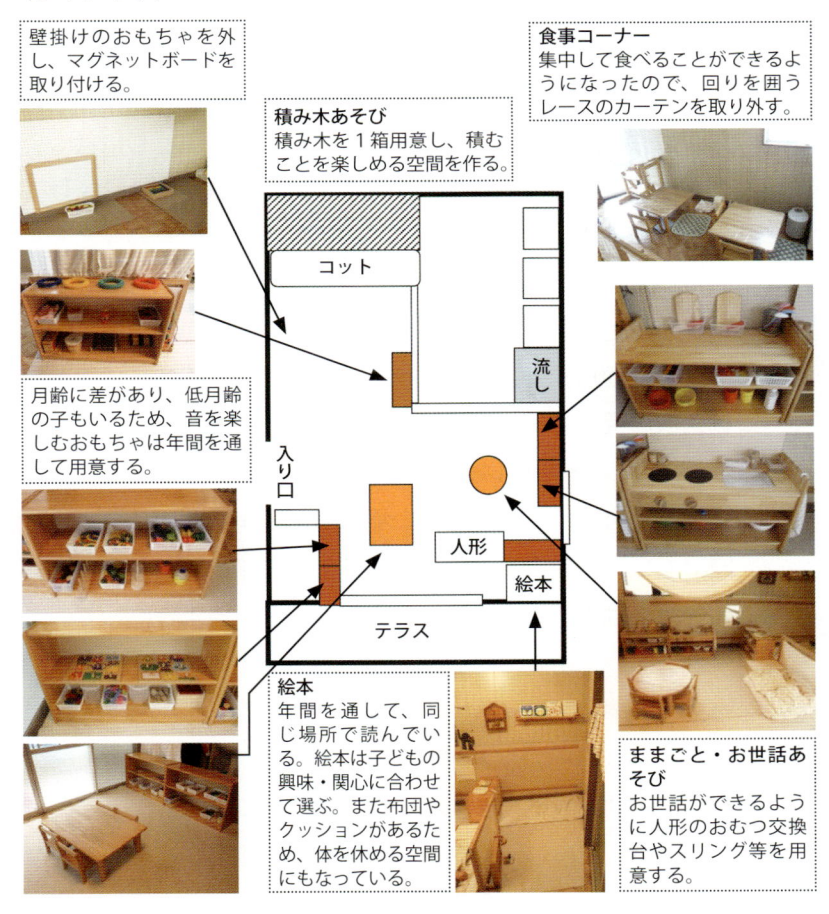

壁掛けのおもちゃを外し、マグネットボードを取り付ける。

積み木あそび
積み木を1箱用意し、積むことを楽しめる空間を作る。

食事コーナー
集中して食べることができるようになったので、回りを囲うレースのカーテンを取り外す。

月齢に差があり、低月齢の子もいるため、音を楽しむおもちゃは年間を通して用意する。

絵本
年間を通して、同じ場所で読んでいる。絵本は子どもの興味・関心に合わせて選ぶ。また布団やクッションがあるため、体を休める空間にもなっている。

ままごと・お世話あそび
お世話ができるように人形のおむつ交換台やスリング等を用意する。

（図中ラベル: コット／流し／入り口／人形／絵本／テラス）

✤ 受け入れ

　朝の受け入れは、子どもが安心してその1日を保育園で過ごすための大切な時間です。子どもを受け入れる際には、視診をし、家庭での様子を聞くことはもちろんですが、"子

111

どもが自分の意思で部屋に入ること"や"自分で気持ちを切り替え、１日のスタートがきれること"を大切にしています。そのため、無理に保護者から離すのではなく、「○○ちゃんおはよう」と笑顔で声をかけた後には「今日も○○して一緒に遊ぼう」「待ってたよ」などと声をかけ、子どもにとっても保護者にとっても朝の良いスタートが切れるよう心掛けています。入園してすぐの頃は泣いて保護者と離れる子どもも多くいますが、生活の見通しが立ち、安心して過ごせる場所ということが分かってくると次第に自分の意思で部屋に入ってくる姿が増えてきます（まだ歩行ができずに抱っこでの受け入れの場合もできる限り子どもの気持ちを大切にしています）。また、ときには仕事の関係で急いで登園し、泣いて保護者と離れなくてはならない場合もありますが、そのような時でも保育園で安心して過ごせるように丁寧に関わり、お迎えの時にはその日の様子を保護者にも伝えるようにしています。

　受け入れは担当が必ず行うとは決めていません。ふたばルームでは担任の一人が朝７時に出勤し、子ども達を自分の部屋で受け入れています。部屋を出てすぐの廊下に受け入れコーナーを設置し、保護者には保育園で使用するものの支度をして頂きます。保育室は子ども達にとって保育園での生活空間と考え、保育室内の大人の動きが多いと雰囲気が落ち着かなくなってしまうため、保護者は保育室には入らないというルールで、協力をして頂いています。そうすることで、受け入れ時にしっかりと気持ちを切り替え、登園できるようにしています。

🍀 食事

　乳児期の食事の中では、"集中して食べる"ための環境を整え、食事中の姿勢やスプーンの持ち方、食べ方など食事のマナーを繰り返し丁寧に伝えるようにしていますが、同時に安心した空間の中で食べることへの喜びが高まるように心がけ、良い雰囲気の中で、食事の自立に向けて一人一人に合った援助を考えています。

　入園直後の子どもの中には、戸惑うことなくスムーズに食事を始められる子どももいれば、食事コーナーに入ることを嫌がって泣いたり、食べ慣れない味や食感ゆえに口に入れることを拒んだりする子どももいます。そのためしばらくは保護者の方にも「今日も食べられませんでした」と報告せざるをえない場合もあり、心苦しい思いをします。入園してすぐは担任との信頼関係が薄いため、警戒心の強い子どもや敏感な子どもによく見られる反応であるとは思いますが、心配な気持ちや"しっかり食べてほしい"という気持ちはどの保護者も感じることであると思います。しかし、毎日同じ時間に同じ場所で同じ大人と食事をすることで、安心して食事に向かい、少しずつ食べる量が増え、意欲が高まっていきます。お迎えのときの会話の中でも「今日は○○が食べられました」「自分から食事のコーナーに向かえました」など一つ一つ、日々の様子を丁寧に伝えることで少しずつ保護者にとっても保育園が安心して生活できる場であると感じて頂きたいと考えています。

　歩行が安定するまでは、大人の膝の上に座って食べる"抱っこ食べ"から始めています。"抱っこ食べ"は大人の体温を

感じ、温かく包まれた中で安心して食事に向かうことができます。大人は子どもと目を合わせ、「おいしいね」と優しく微笑んだり、口を動かすタイミングに合わせて、同じように口を動かし「あぎあぎ」とゆっくり声をかけることで、奥歯を使って噛むことに誘いながら関わっています。食事の介助がただの作業となるのではなく、共にその空間を楽しむことで食への意欲に繋げています。また、苦手なものが出てきた時にも無理に食べさせるということはしていません。"苦手なものを克服する"のでなく、"好きなものが増えていってほしい"という考えのもと介助をしています。

　空間の工夫として、食事コーナーはあそびのコーナーから見えないようにレースのカーテンで仕切りをしています。隣の食事机との境もレースのカーテンで仕切り、食事に集中ができるようにしています。食べることに意欲を持ち、集中力がついてきてからは、徐々に仕切りを外していきます。

食事コーナー（4月）　　食事コーナー（7月）　　食事コーナー（12月）

子どもが自ら"食べたい"という気持ちが出てきて、食べ物を手でつかもうとし始めると、何でも手づかみで食べることを良しとするのではなく、指先を使って食べる手つまみ用の小皿を用意しています。手でつまんで食べる経験が"手と口との距離感"や"一口量""前歯で噛み切ること"を知ることにもつながっていくため、大切な経験として取り入れています。

子どもの中には、手でつまむことが苦手な子どももいます。手先を使う経験が少ないがために、上手くつかめない場合もあれば、食材のぬるっとした感触が嫌でつまみたがらない場合もあります。

手先を使う経験が少ない子どもには、遊びの中でも"つまむ"という経験が多く出来るように誘っていきます。

例えば"ポットン落とし"。これはプラスチック容器のふたに開けた穴の中に、短い木の棒やチェーンリングをつなげたものを落としていく遊びです。木の棒やチェーンリングをどのように持つか（小指側から握るように持つのか、親指と人差し指を器用に使い、つまむのか等）、正確に穴の中に落とすことができるか…様々なポイントで子どもの発達段階を

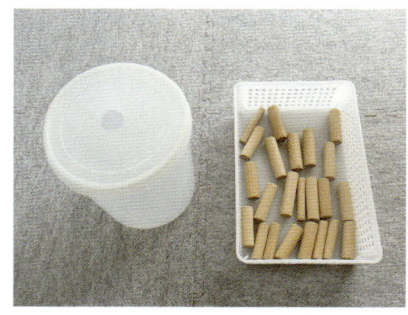

見極め、食事につなげていきます。

　つまんだ時の感触を嫌がる子どもには、無理に誘うことはしていません。野菜スティックがつまめなくてもおやつに出るせんべいや果物でも手つまみの経験は積んでいけるため、子どもの意欲を大切にしながら関わっています。

　手つまみの経験が増え、大人が持っているスプーンに興味を持ち、手を伸ばしてきたらしばらくは一緒に持って使います。こうした経験の後に子ども用のスプーンを用意しています。スプーンは子どもの手で握りやすい大きさのものを用意しています。"自分で食べたい"という気持ちを尊重し

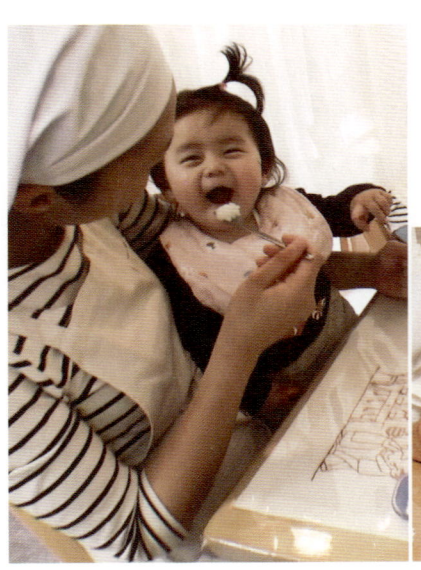

つつ、握り方、持ち方がしっかりと身につくよう、初めは共に持ちながら介助していきます。また、スプーンが水平に口に入るように肘を支えるようにもしています。

　歩行が安定し、自分の力で体を支えられるようになってからは、肘置きのない椅子に座っての食事を始めていきます。机の高さは子どもの胃と同じ高さになるように設定しています。その時に子ども一人一人の高さに合わせて座面や足の位置にマットを敷き、両足がしっかりと床につき、姿勢が安定するようにしています。

　また、お皿は子どもがスプーンで食事をする時に使いやすく、自分の力で食べられるものを使用しています。

🍀 お皿：ユニバーサルプレート

食器の内側が湾曲していて、スプーンを使った時にきれいにすくいきることができ、

こぼすことが少なくなります。また、『ふち』がついているので、食器に手を添えやすく、安定した姿勢で食べることができます。

🍀 スプーン

介助用スプーン 〈写真 右〉

　口に入れるヘッド部分は幅が狭くて浅く、子どもが上唇を使って口に取り込みやすい形状で、柄の長いスプーンです。基本的には大人が介助をする時に使用しますが、柄が長いことで子どもがスプーンを持ちたいと手を伸ばしてきた時に大人と共に握りながら使うことができます。

子ども用スプーン（カットスプーン） 〈写真 中、左〉

　お皿から唇まで運ぶときに手首の返しをせずにスムーズに動かすことができると共に、斜めから自然な動作で食べられるためこぼしにくいです。スプーンの形が食べ物を切り分けやすいことと皿と接する面積が大きく、スプーンのすくう部分が浅く作られているので、すくいやすく、食べ物が口に入りやすくなっていることが特徴です。

🍀🍀🍀

　集中力がつき、自分で食べることが上手くなってきたら複数人数での食事を始めます。大人１名に対して子ども２名、３名…と子どもの様子を見ながら少しずつ人数を増やしていきます。

1歳児クラス つぼみルーム

4月 子ども15名（進級児9名、新入園児6名）・担任3名

〈担当〉

保育士Ⅰ…A（4月生まれ）、B（4月生まれ）、C（5月生まれ）、D（5月生まれ）、E（6月生まれ）、F（9月生まれ）
保育士Ⅱ…G（5月生まれ）、H（5月生まれ）、I（12月生まれ）、J（2月生まれ）、K（3月生まれ）
保育士Ⅲ…L（10月生まれ）、M（1月生まれ）、N（1月生まれ）、O（3月生まれ）

つぼみルーム（1歳児クラス）の担当もふたばルーム（0歳児クラス）と同様に、食事の時間（朝の登園時間や朝食の時間を踏まえた）や月齢、子どもの様子、保育経験等を踏まえた上で担当を決めています。

〈日課表〉

時間	子どもの流れ	早番	普通番	遅番	フリー
7:00	J,L 登園				時間外職員出勤
7:20	G,F 登園				
7:45	E,I,M,N 登園	出勤			環境整備
8:15	K,H 登園	あそび援助			あそび援助
8:30			出勤		おむつ交換
8:45	A,B,C,D,O 登園				
9:00	戸外あそび				
	ⅢG 戸外へ		ⅡG		ⅢG：身支度援助
	ⅡG 戸外へ				
9:15	ⅠG 戸外へ	ⅠG：身支度援助	ⅡG：身支度援助	出勤（9:15または10:15）	
9:30		保育士Ⅰ	保育士Ⅱ	保育士Ⅲ あそび援助	
9:50	ⅢG 室内へ			ⅢG	退勤 フリー
10:00	ⅡG 室内へ		ⅡG	おむつ交換	9:30～
10:10	ⅠG 室内へ	ⅠG：身支度援助 おむつ交換	：身支度援助 おむつ交換 あそび援助	あそび援助	10:15（遅番が10:15出勤の場合のみ）10:20～11:30 あそび援助 ①コット敷き おむつ交換 午睡援助
	室内あそび				
10:20		あそび援助	食事準備		
10:30	①-1 食事（G,J）		①-1：食事介助		
	①-2 食事（L,M）		食事準備	①-2：食事介助	
10:50	②-1 食事（K）	②コット敷き	②-1：食事介助 午睡	②-2：食事介助 食事準備	
	②-2 食事（N,O）				
11:00	③-1 食事（H,I）	③-2：食事介助 食事準備	③コット敷き おむつバケツ洗い 連絡帳記入	③-1：食事介助 連絡帳記入	
	③-2 食事（A,D,F）				
11:20	④ 食事（B,C,E）	④：食事介助 食事片付け		④コット敷き	

119

時間	子どもの流れ	保育士Ⅰ	保育士Ⅱ	保育士Ⅲ	フリー
		簡単な話し合い 連絡帳記入 休憩	簡単な話し合い 休憩	簡単な話し合い 休憩	
14:00 14:20	起床、検温 室内あそび	おむつ交換 あそび援助	おむつ交換 あそび援助 おやつ準備	おむつ交換 あそび援助	フリー 14:20～ 15:30 あそび援助 おむつ交換
14:30	①-1 おやつ （G,J） ①-2 おやつ （L,M）		①-1 ：おやつ介助 おやつ準備	①-2 ：おやつ介助	
14:45	②-1 おやつ （K） ②-2 おやつ （N,O） ⅡG 戸外へ		②-1 ：おやつ介助 ⅡG ：身支度援助 あそび援助	②-2 ：おやつ介助 おやつ準備	
15:00	③-1 おやつ （H,I） ③-2 おやつ （A,D,F） ⅢG 戸外へ	③-2 ：おやつ介助 おやつ準備		③-1 ：おやつ介助 ⅢG ：身支度援助	
15:15	④-1 おやつ （B,C,E） ⅠG 戸外へ	④：おやつ介助 ⅠG ：身支度援助 片付け、帰りの 支度、おむつバケツ洗い		あそび援助	
		早番	普通番	遅番	
16:00	A,B,G 降園			あそび援助	時間外職員 出勤 身支度援助 おむつ交換 室内あそび 援助
16:30	E 降園 戸外→室内へ	退勤	身支度援助	身支度援助	
17:00	室内あそび K 降園				
17:15			退勤		
17:30	C,H,I,L,M,N,O 降園 D,F 降園			おむつ集計	おもちゃ洗い・掃除機・ごみ箱洗い・ごみ捨て・蒸しおむつ干し・戸締り
18:00	延長保育（乳児クラス合同）			退勤（18:00 または 19:00）	
19:00	J 降園				
20:00	閉園				退勤

＊ふたばルーム（0歳児クラス）と同様に、担任が揃う9時15分（10時15分から閉園までの勤務をさくらんぼルーム〈2歳児クラス〉と1日交代でまわしているため、日により遅番の出勤時間が異なります。遅番が10時15分出勤の場合は、9時15分から10時15分の時間帯にフリーの職員が保育に入ります。）から16時30分までの流れは毎日同じ。担任間の勤番は1週間交代で回しています。

第2章 実践編／実践1 育児担当保育の実践 〜まどか保育園の乳児保育 概要〜

12月 つぼみルーム（1歳児クラス）

〈担当〉

保育士Ⅰ…**A**（4月生まれ）、**B**（4月生まれ）、**C**（5月生まれ）、**D**（5月生まれ）、**E**（6月生まれ）、**F**（9月生まれ）
保育士Ⅱ…**G**（5月生まれ）、**H**（5月生まれ）、**I**（12月生まれ）、**J**（2月生まれ）、**K**（3月生まれ）
保育士Ⅲ…**L**（10月生まれ）、**M**（1月生まれ）、**N**（1月生まれ）、**O**（3月生まれ）

〈日課表〉

時間	子どもの流れ	早番	普通番	遅番	フリー
7:00	J,L 登園				時間外職員出勤
7:20	G,F 登園				
7:45	E,I,M,N 登園	出勤 あそび援助			環境整備 あそび援助
8:15	K,H 登園				
8:30			出勤		おむつ交換
8:45	A,B,C,D,O 登園				
9:00	戸外あそび ⅢG 戸外へ ⅡG 戸外へ		ⅡG		ⅢG：身支度援助
9:15	IG 戸外へ	IG ：身支度援助	：身支度援助	出勤（9:15または10:15）	
9:30		保育士Ⅰ あそび援助	保育士Ⅱ	保育士Ⅲ あそび援助	退勤
9:50	ⅢG 室内へ			ⅢG	フリー
10:00	ⅡG 室内へ		ⅡG	：身支度援助	9:30〜
10:10	IG 室内へ 室内あそび	IG ：身支度援助 おむつ交換	：身支度援助 おむつ交換 あそび援助	おむつ交換 あそび援助	10:15 （遅番が10:15出勤の場合のみ）
10:50		あそび援助		食事準備	
11:00	Ⅱ,ⅢG ：食事→午睡	コット敷き	ⅡG：食事介助 食事準備	ⅢG：食事介助	
11:30	IG ：食事→午睡	IG：食事介助 食事片付け 簡単な話し合い 連絡帳記入 休憩	連絡帳記入 簡単な話し合い 休憩	おむつバケツ洗い 連絡帳記入 簡単な話し合い 休憩	
14:00	起床、検温	おむつ交換 あそび援助	おむつ交換 あそび援助	おむつ交換 あそび援助	
14:40	室内あそび			おやつ準備	
14:50	Ⅱ,ⅢG ：おやつ		ⅡG ：おやつ介助	ⅢG ：おやつ介助	
15:10	ⅢG 戸外へ IG：おやつ ⅡG 戸外へ	IG ：おやつ介助	おやつ準備 ⅡG ：身支度援助	ⅢG ：身支度援助 あそび援助	
16:00	IG 戸外へ A,B,G 降園	IG ：身支度援助 食事片付け、帰りの支度、おむつバケツ洗い			

121

時間	子どもの流れ	早番	普通番	遅番	フリー
16:30	E 降園 戸外→室内へ	退勤	身支度援助	あそび援助 身支度援助	時間外職員出勤 身支度援助
17:00	室内あそび			身支度援助	おむつ交換
17:15	K 降園		退勤		室内あそび援助
17:30	C,H,I,L,M,N,O 降園 D,F 降園				おもちゃ洗い・掃除機・ごみ箱洗い・ごみ捨て・蒸しおむつ干し・戸締り
18:00	延長保育（乳児クラス合同）			おむつ集計 退勤（18:00または19:00）	
19:00 20:00	J 降園 閉園				退勤（19:00）

4月 つぼみルーム（1歳児クラス）

〈レイアウト〉

積み木あそび

ままごと
子どもがイメージを膨らませやすそうな食材を用意する。（お手玉、チェーンリング等）

お世話あそび

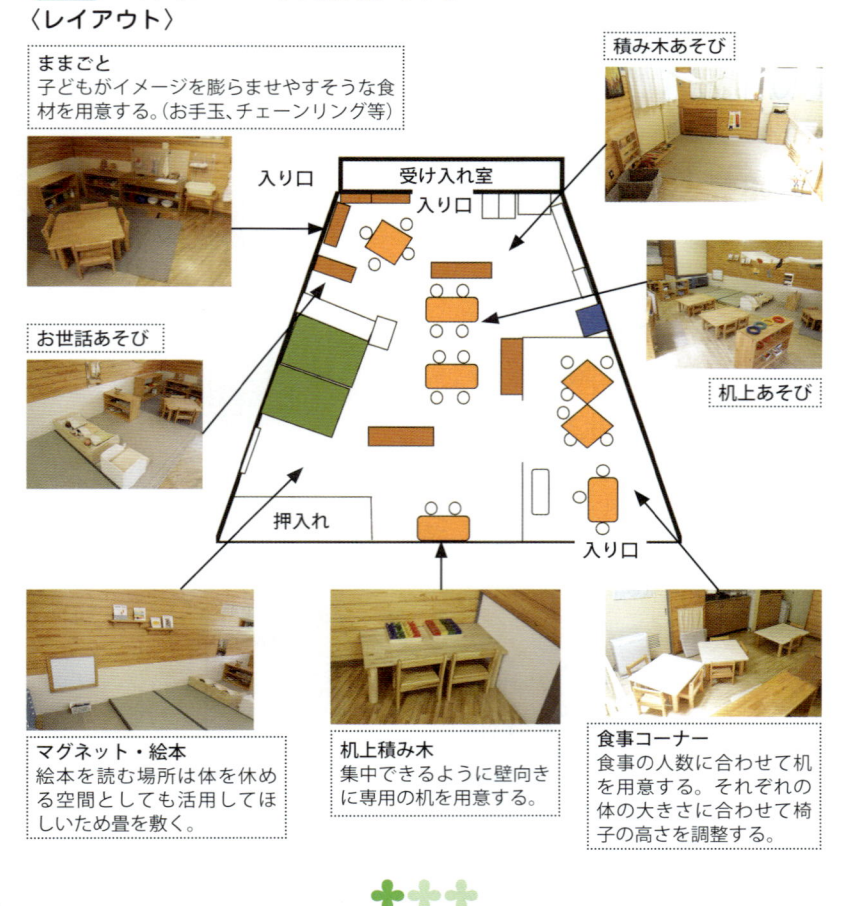

机上あそび

マグネット・絵本
絵本を読む場所は体を休める空間としても活用してほしいため畳を敷く。

机上積み木
集中できるように壁向きに専用の机を用意する。

食事コーナー
食事の人数に合わせて机を用意する。それぞれの体の大きさに合わせて椅子の高さを調整する。

12月 つぼみルーム（1歳児クラス）
〈レイアウト〉

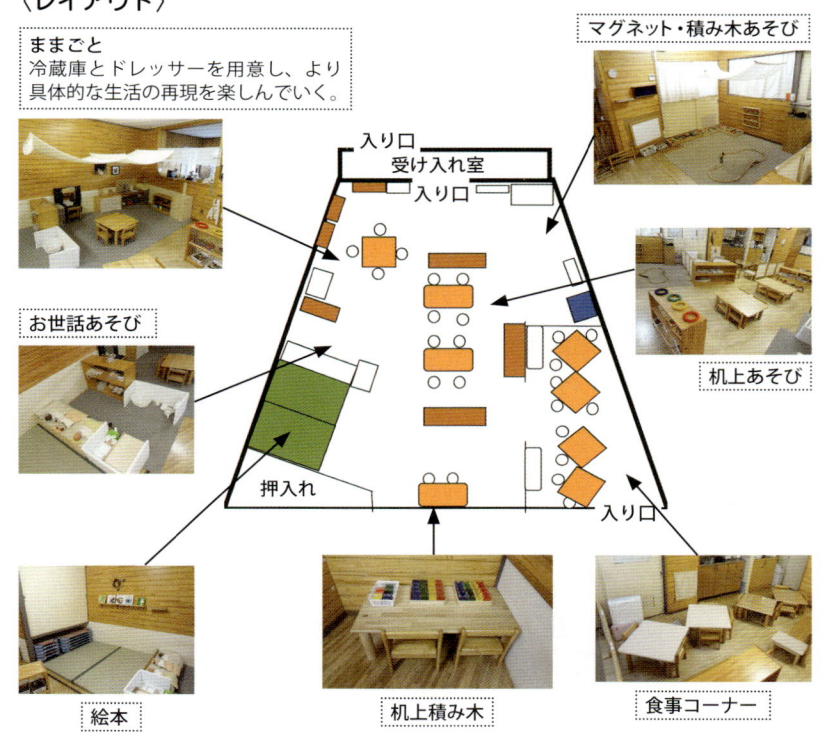

ままごと
冷蔵庫とドレッサーを用意し、より具体的な生活の再現を楽しんでいく。

マグネット・積み木あそび

お世話あそび

机上あそび

絵本

机上積み木

食事コーナー

（図中ラベル：入り口、受け入れ室、入り口、押入れ、入り口）

※室内の環境を考えるときには生活空間でもあそびのスペースでも子どもにとって分かりやすい空間を作るように心掛けています。"ここは何をする場所なのか"が明確に分かるように、ついたてをしたり、マットを敷いたりして空間を仕切っています。空間を仕切ることにより、遊びが重ならず、一つ一つの遊びに集中して取り組むことが出来ると考えています。

✚ 受け入れ

　つぼみルーム（1歳児クラス）では早番が出勤するまでの時間は、毎日同じ時間外職員が受け入れをしています（時間外職員とは、正規の職員が出勤する前の朝の時間や退勤後の

夕方の時間に保育を補う役目を果たす職員のことです）。そのため前日の子どもの様子や登園時に伝えて頂きたいことはメモを活用し、しっかりと伝達ができるようにしています。逆に担任が出勤する前の受け入れの様子についても毎日時間外職員から様子を細かく聞き、日中の保育につなげるようにしています。朝早く登園し、担任が受入れをできない子どもも毎日同じ時間外職員に受け入れをしてもらえるので、とても安心して1日のスタートを迎えています。

　また、ふたばルームと同様に保護者は保育室に入らないようご協力頂いています。受け入れ室にて保育園で使用するものの支度をして頂き、子どもが保育室に入るときには気持ちを切り替えて登園できるようにしています。

食事

　つぼみルーム（1歳児クラス）は進級児と新入園児が混在し、食事の食べ方にも個人差が大きくあるため、初めは子ども1～3名に対して、大人1名が食事の介助に入ります。新入園児の中には、家庭では食べさせてもらうことが多く、スプーンを持って自分で食べるという経験のない子どもやスプーンを握る力の弱い子どももいます。そのような場合は1対1での食事、もしくはほとんど介助の必要がない子どもとの1対2での食事から始めていき、

丁寧に介助することで自立を目指していきます。スプーンの握り方や食事中の姿勢、食べ方など子ども達の様子は一人一人異なるため、家庭と連携をとりながら丁寧に見ていきます。特にスプーンの握り方は家庭によって様々です。しっかりと握れずに安定しなかったり、さすように使ったり、手首が上手く返せず、すくえなかったりとスプーンを上手く使えないことが多くあります。その時には子どもの手を優しく握り、共に手を動かすことや肘を支えることでスプーンを口に水平に入れられるように介助すること、また遊びの中でも手首の返しや指先を使う遊びに誘いながら手の力を支援していくことをふたばルーム（0歳児クラス）と同様に心掛けています。しかし何よりも家庭との連携を大切にしていきたいので、家庭での様子や考えに耳を傾けつつ、保育園で心掛けている介助を伝え、子どもの自立を目指しています。

　そして子どもの食事の様子を見て、一つのグループで食べる人数を増やし、年度の後半には4〜6名の子どもが共に食事をするようになります。このタイミングはとても難しく、人数を増やしてスムーズにいくこともあれば、上手くいかないこともあります。上手くいかない例としては、人数が増えたことで、大人が一人一人に目を向けられなくなり、今まで上手に食べられていた子どもが遊びながら食べたり、集中力が切れやすく、時間

がかかってしまったりということがあります。そのような場合には無理をせずにもう一度少人数での食事からやり直し、一人一人を丁寧に見ていきます。そして、介助が少なくなってきたタイミングでまた人数を増やしていきます。

　入園当初は不安で泣くことの多い子ども達ですが、育児担当保育で毎日過ごすことにより、少しずつ大人との信頼関係が築かれていき、"誰と食事をするのか""誰とおむつを替えるのか"を理解し、安心して過ごせるとともに、生活の見通しが持てるようになっていきます。基本的には担当保育士が毎日同じ子どもの生活面を見ていますが、休暇などにより担当がいない場合は第二担当を決めているため、他の保育士（担任）が担当保育士となり関わっています。第二担当が関わるときには、子どもの食事の様子（配慮をしている点、嗜好状況等）や排泄の状況（排泄間隔、トイレに向かう頻度等）を細かく伝え、できる限り普段と変わりなく安心して生活ができるように連携をしています。予め第二担当まで決めることにより、スムーズに保育に臨むことができます。

2歳児クラス　さくらんぼルーム

4月 子ども18名（進級児14名、新入園児4名）・担任3名

〈担当〉

保育士Ⅰ…N（5月生まれ）、O（7月生まれ）、P（10月生まれ）、Q（5月生まれ）、R（4月生まれ）
保育士Ⅱ…H（4月生まれ）、I（5月生まれ）、J（6月生まれ）、K（1月生まれ）、L（2月生まれ）、M（3月生まれ）
保育士Ⅲ…A（5月生まれ）、B（5月生まれ）、C（9月生まれ）、D（12月生まれ）、E（1月生まれ）、F（1月生まれ）、G（3月生まれ）

　さくらんぼルーム（2歳児クラス）も食事の時間（朝の登園時間や朝食の時間を踏まえて決めた時間）や月齢、子どもの様子、保育経験等を踏まえた上で担当を決めています。特にさくらんぼルーム（2歳児クラス）から入園をした子どもが安心して保育園生活を送れるように配慮しています。

〈日課表〉

時間	子どもの流れ	早番	普通番	遅番	フリー
7:00	N,P,Q 登園				時間外職員出勤（7:00）
7:30	C,D,H 登園				環境整備
7:45	A,E,K 登園	出勤			あそび援助
8:15	B,M,R 登園	あそび援助			おむつ交換
8:30			出勤		
8:45	F,G,I,J,L,O 登園				
9:00	戸外あそび ⅠG 戸外へ ⅡG 戸外へ				ⅠG:身支度援助
9:15	ⅢG 戸外へ	ⅢG:身支度援助	ⅡG:身支度援助	出勤（9:15または10:15）	
9:30		保育士Ⅰ	保育士Ⅱ	保育士Ⅲ あそび援助	退勤フリー9:30～10:15（遅番が10:15出勤の場合のみ）
10:00	ⅠG 室内へ	ⅠG	ⅡG		
10:10	ⅡG 室内へ	:身支度援助	:身支度援助	ⅢG	
10:20	ⅢG 室内へ 室内あそび	おむつ交換 あそび援助	おむつ交換 あそび援助	:身支度援助 おむつ交換 あそび援助	
10:50		食事準備			
11:00	ⅠG 食事 →午睡	ⅠG:食事介助 食事準備		コット敷き	
11:30	Ⅱ,ⅢG 食事 →午睡	コット敷き 午睡 連絡帳記入 簡単な話し合い 休憩	ⅡG:食事介助 おむつバケツ洗い 連絡帳記入 簡単な話し合い 休憩	ⅢG:食事介助 食事片付け 簡単な話し合い 連絡帳記入 休憩	
14:00	起床 室内あそび	おむつ交換 あそび援助	おむつ交換 あそび援助	おむつ交換 あそび援助	

時間	子どもの流れ	保育士Ⅰ	保育士Ⅱ	保育士Ⅲ	フリー
14:30	O 降園				
14:50		おやつ準備			
15:00	ⅠG おやつ	ⅠG ：おやつ介助 おやつ準備			
15:15	Ⅱ、ⅢG おやつ ⅠG 戸外へ ⅡG 戸外へ ⅢG 戸外へ	ⅠG ：身支度援助	ⅡG ：おやつ介助 ⅡG ：身支度援助	ⅢG ：おやつ介助 ⅢG ：身支度援助 片付け、帰りの支度、おむつバケツ洗い	
16:00	J,N 降園			遅番	時間外職員
16:30	F 降園 戸外→室内へ	早番 退勤	普通番 身支度援助	あそび援助 身支度援助	出勤 身支度援助
17:00	室内あそび M 降園				室内あそび援助
17:15	D 降園		退勤（17:15）		おもちゃ洗い・掃除機・ごみ箱洗い・ごみ捨て・蒸しおむつ干し・戸締り
17:30	B,E,G,K,L,P,R 降園 C,I 降園			おむつ集計 退勤（18:00または19:00）	
18:00	延長保育 （乳児クラス合同）				
19:00	A,H,Q 降園				退勤
20:00	閉園				

＊担任が揃う9時15分（10時15分から閉園までの勤務をつぼみルーム（1歳児クラス）と1日交代でまわしているため、日により遅番の出勤時間が異なります。遅番が10時15分出勤の場合は、9時15分から10時15分の時間帯にフリーの職員が保育に入ります。）から16時30分までの流れは毎日同じ。担任間の勤番は1週間交代です。

12月 さくらんぼルーム（2歳児クラス）

〈日課表〉

時間	子どもの流れ	早番	普通番	遅番	フリー
7:00	N,P,Q 登園				時間外職員
7:30	C,D,H 登園				出勤
7:45	A,E,K 登園	出勤			環境整備
8:15	B,M,R 登園	あそび援助			あそび援助
8:30			出勤		おむつ交換
8:45	F,G,I,J,L,O 登園				
9:00	戸外あそび				
9:15	戸外へ	身支度援助	身支度援助	出勤（9:15または10:15）	
9:30		保育士Ⅰ	保育士Ⅱ	保育士Ⅲ	退勤
10:20	室内へ	身支度援助	身支度援助	身支度援助	フリー

128

第 2 章 実践編／実践 1 育児担当保育の実践 ～まどか保育園の乳児保育 概要～

時間	子どもの流れ	保育士Ⅰ	保育士Ⅱ	保育士Ⅲ	フリー
11:30	室内あそび おはなしの時間	おむつ交換 あそび援助 食事準備	おむつ交換 あそび援助 コット敷き 手洗い援助	おむつ交換 あそび援助 おはなし（絵本等） 手洗い援助	9:30～10:15 （遅番が10:15出勤の場合のみ）
11:40	昼食（全員）	子どもと共に食事 連絡帳記入 簡単な話し合い 休憩	子どもと共に食事 おむつバケツ洗い 連絡帳記入 簡単な話し合い 休憩	子どもと共に食事 食事片付け 簡単な話し合い 連絡帳記入 休憩	
14:00	起床 室内あそび	おむつ交換 あそび援助	あそび援助	あそび援助	
14:30	O 降園				
14:50					
15:00	おやつ（全員）	おやつ準備 子どもと共におやつ	手洗い援助 子どもと共におやつ	手洗い援助 子どもと共におやつ 片付け、帰りの支度、おむつバケツ洗い	
15:15	戸外へ	身支度援助	身支度援助		
16:00	J,N 降園				
		早番	普通番	遅番	時間外職員出勤
16:30	F 降園 戸外→室内へ	退勤	身支度援助	あそび援助	身支度援助 室内あそび援助
17:00	室内あそび M 降園		あそび援助	身支度援助 あそび援助	
17:15	D 降園		退勤		おもちゃ洗い・掃除機・ごみ箱洗い・ごみ捨て・蒸しおむつ干し・戸締り
17:30	B,E,G,K,L,P,R 降園 C,I 降園			おむつ集計	
18:00	延長保育（乳児クラス合同）			退勤（18:00または19:00）	
19:00	A,H,Q 降園				退勤
20:00	閉園				

129

4月 さくらんぼルーム（2歳児クラス）
〈レイアウト〉

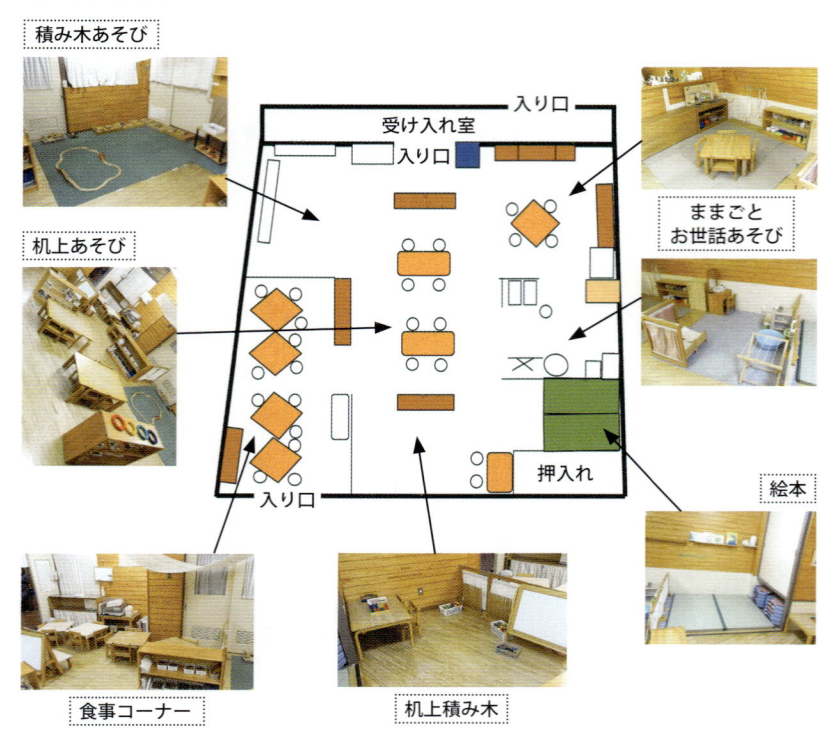

積み木あそび

受け入れ室
入り口
入り口

ままごと
お世話あそび

机上あそび

押入れ
入り口

絵本

食事コーナー

机上積み木

130

受け入れ

つぼみルーム（1歳児クラス）と同様に朝7時から早番の職員（担任）が出勤するまでの時間はいつも決まった時間外職員が受け入れをしています。つぼみルームからの進級児が多いさくらんぼルームでは、多くの子どもが自分で保育室に入り、"今日は何をしてあそぼうか"と目を輝かせています。しかし、子どもが家庭から保育園に気持ちを切り替え、自分の足で保育室に入ってきたという瞬間は見逃さずに受け止めるようにしています。自分の意思で素早く保育室に入ってきた時にも「おはよう」「待ってたよ」と温かい言葉や目線を子ども一人一人に手渡すように心がけています。さくらんぼルームからの新入園児やその日の体調や調子によっては保育室に入ることに時間がかかる子どももいるため、丁寧にやりとりをしながら安心して朝のスタートが切れるように配慮をしています。

食事

年度の初めは、担任の入れ替えや新入園児の入園を考え、つぼみルーム（1歳児クラス）の後半と同じくらいの人数での食事から始めます。食事の時間や食べ方により、グループを考えていきます。その中で姿勢やスプーンの持ち方（上手にぎりから三点持ちへ移行していく）を丁寧に見ていき、ほぼ食事の介助が必要なくなってきた時（ほとんどの子どもが大人の介助がなくても一人で食べられるようになる）に、人数を更に増やし、クラス全員（大人も一緒に）で食べることを最終的な目標としています。個人差があるため、次年度へ

の移行を見据えつつ、子どもの姿にしっかりと目を向けながら進めています。

🍀🍀🍀

　年度の途中で担当を徐々に外していきます。その基準の一つに"食事"を考えています。0、1歳児クラスでは、担当保育士が食事の介助をしてきましたが、食べ方が上手になり、介助がほぼ必要なくなってくると、食事のグループを大きくしていきます。人への信頼、保育園という場所での安心感があるので、担当を外しても子ども達が戸惑う姿はないように感じます。しかし幼児クラスに移行するまでに人への信頼、基本的な生活習慣をしっかりと身につけて欲しいため、子どもの状況によっては（特にさくらんぼルームから入園した子どもや弟や妹の出産などにより情緒不安定な子ども）、タイミングを考えながら担当を外しています。

🍀 排泄について　信頼関係を作り自立を助ける

　排泄は、一人一人の排泄間隔に合わせて誘うようにしています。乳児クラスでは"排泄間隔表"〈右図参照〉を作り、一人一人の排泄間隔が一目でわかるようにしています。全クラス統一で同じ形式のものを使用し、横軸には時間を、縦軸には子どもの名前が書かれています。この表を基に一人一人の間隔をつかみ、その子どもの間隔で排泄に誘うようにしています。また、担任が休み、代わりのフリー保育士がクラスに入った時にも"この子はいつ排泄に誘えば良いのか"は、この表を見ることですぐに把握することができます。

　まどか保育園では、レンタルの布おむつを使用しています。

レンタルのため、洗濯は保育園や家庭で行うのではなく、業者に委託しています。吸収の良い紙おむつとは異なり、布おむつを使用することで、排泄の感覚が分かり、自覚することにつながっています。排便・排尿したときに不快感を感じやすく、おむつを替えることで、「気持ち良い」「きれいになった」という感覚をより敏感に感じることができるのだと思います。しかし、布おむつのため、染みやすかったり、おむつかぶれになってしまうこともあります。排泄間隔をしっかりとつかみ、子どもが長時間不快な思いをしなくて良いように意識をしています。

〈排泄間隔表　1歳児クラスの後半の例〉

時間 名前	8	9	10	11	12	13	14	15	16	17	18	19	計
A	30		30	35 +1			⬜10	15	30	| 35			
B	25	45 ×レ	50	50 +1			15	20 +1	20	20	| 30		
C		30 ×ト		30			30 ×ト		| 30				
D		45			15		15 ×ト			| 30			
E	05		55		10		30		40	| 40			

おしっこ→数字のみ×1枚　　＿→教えてくれた　　レ→トイレで出なかった
便　　　→□で囲む×2枚　　×→濡れてない　　　ト→トイレで出た
（プラス分→＋1、＋2）　　紙おむつ→｜

＊排泄間隔表は、いつ誰が見ても正確に把握が出来るように工夫しています。

おむつ替えの中ではまず、"安心しておむつを替えられる環境"を整えています。子どもを一人の人として尊重し、"恥ずかしい"という感覚を大切に育てていくためにも、おむつを替えるスペースは周りから見えないように、棚やついたてで囲っています。また、おむつ交換台に寝転んだ時に天井が高いと不安に感じるため、天がいをつけ、子どもから見た天井を低くしています。それからおむつを替える大人の顔をしっかりと見てほしいので、モビールなどの余分なものは吊るさないようにしています。

　おむつを替えている時は身につけているものを取られるため、緊張すると思います。"自分が何をされているのか"や"この空間で何をするのか"が分かることで安心しておむつ替えに向かうことができるようになります。作業的ではなく、人と人とのやりとりの中で安心しておむつを替えられるよう、丁寧に声をかけるように心がけています。

　基本的には担当の大人がおむつ替えをするため、一人一人の排泄間隔を把握し、誘っています。しかし、難しい場面では担当以外の大人がおむつ交換をすることもあります。その場合誰が替えても子どもが不安にならないよう、おむつ替え

の手順は統一しています。手順を統一することで、子ども自身が見通しを持つことができ、協力してくれるようになります。そして、その積み重ねにより"自分でできた"という達成感にもつながってくるように思います。

手順
① おむつ交換台には子どもの意思で向かえるように声をかけ、誘っています。
② "やってもらう"のではなく、子どもが"今、何をしているか"が分かり、先を見通しておむつを替えられるよう、「おむつ替えるね」「きれいにしようね」「ズボン脱ぐよ」など、一つ一つ声をかけながらおむつ替えをしていきます。

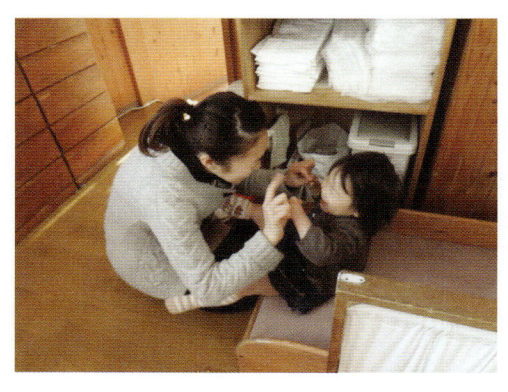

また子どもと大人が1対1でゆったりと関わることのできる時間でもあるので、目と目を合わせながら語りかけたり、まどか保育園では遠野のわらべうたを取り入れているため、そのわらべうたでコミュニケーションをとりながら関わっています。

「くせぇ　くせぇ」（鼻をつまんではやし、おむつを替えることを伝える。）

「のび　のび　のび」（声をかけながら膝を軽く触って足を伸ばすことで緊張した気持ちをほぐす。）

「ちょっ　ちょっ　ちょっ」（裸のままでは恥ずかしいことを伝える。）

「こちょ　こちょ　こちょ」（脇を２、３度くすぐることで、体調を知ると共に、体を締めることにもつながります。）

といったわらべうたを通して、子どもの気持ちや体を育て、人間として大事な『羞恥心』を伝えています。

＊おむつをあてるときには足首を持たずにお尻を上げて替えるようにもしています。これも毎回声をかけながら替えているため、次第に子どもが自分で腰を浮かして、協力してくれるようになります。

③おむつをつけ、起き上がる時には、「起きるよ」と声をかけながら大人は子どもの目の前に親指を出し、その指につかまりながら自分の腹筋を使って起き上がるように誘っています。"自分の力で起き上がること""腹筋を使うこと"を目的としています。

・・・・・・・・・・・・・・・・・・・・・・・・・・・・・・・

排泄間隔が長くなり、子ども自身が排泄の感覚を意識できるようになってからトイレに誘っています。排泄間隔表を基にし、トイレにも誘っていきますが、あくまでも子どもの意思を大切にし、一人一人のペースで進めています。

🍀 遊びとの関連

特定の人との信頼関係をまずは築き、少しずつ人間関係を広げていくための第一歩としての育児担当保育であるため、遊びの中では担当の枠を外し、担任全員でクラスの子ども達を見ています。また、戸外では"乳児用園庭"で０歳児クラ

ス（前期は0歳児クラス専用の園庭で過ごしています）〜2歳児クラスが共に過ごすため、年齢を超えて、全ての子どもと関わるようにしています。

　食事と同様に、どんな場面でも子どもの"やりたい""やってみよう"と思う気持ちを大切にし、更なる意欲につながっていくように配慮しています。例えば、ふたばルーム（0歳児クラス）では、壁におもちゃを取り付けることで、座ることができるようになった子どもや、つかまり立ちができるようになった子ども（もしくは、つかまり立ちをしようとしている子ども）がその姿勢のまま遊べます。少し高い位置にあるおもちゃに手を伸ばし、届いたときの達成感に満ちた子どもの表情を受け止めることが幸せな瞬間でもあります。

　壁掛けのおもちゃには、マジックテープやファスナー、滑車の車輪、スイッチなど子どもが日常生活の中で"触れてみ

たい""いじってみたい"という興味・関心を遊びの中で満たすことができるように用意しています。生活の中ではつい「触っちゃだめ」と怒ってしまったり、"子どもの手が届かない場所に"と遠ざける物が多くありますが、子どもは大人がすることは何でも真似したいと思います。そんな子ども達の興味・関心、また探究心を思う存分満たせるように担任間で知恵を出し合い、おもちゃを用意しています。

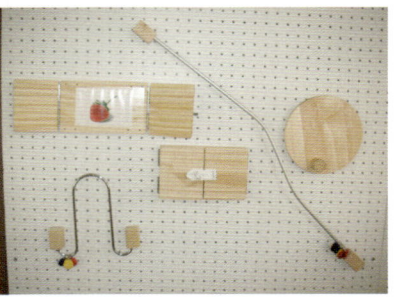

　壁掛けのおもちゃ以外にも子どもの興味・関心を満たすためのおもちゃを手作りでいくつか用意しています。

🌸 ティッシュペーパーのおもちゃ

　布で作ったティッシュペーパー。箱から引っぱり出すという作業が好きな子どもは多いため、用意をしています。

🍀 スナップ付（マジックテープ付）お手玉

端にスナップやマジックテープのついたお手玉をつなげていきます。子どもの手先の発達により用意するタイミングや用意する量を考えています。

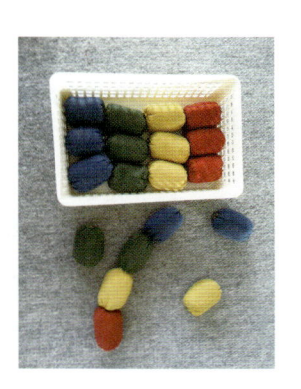

同じ年齢のクラスの中でも発達に個人差があり、"どんなおもちゃをどのように用意するか"が重要になってきます。特に年度の初めは一人一人の興味やできることが大きく異なるため、子どもの様子を見ながら幅広いおもちゃの種類や数を用意しています。ただ用意するのではなく、遊びやすさや達成感を感じ、意欲が高まるための工夫、興味を示した時にすぐに遊びに取り掛かれるような環境を常に考えるようにしています。まどか保育園で実際に行っている工夫をいくつか紹介します。

🍀 ポストボックス

中身を外に出しておき、子どもが興味を示した時にすぐに手に取り、遊び始めることができるようにしています。また、初めから全てのピースを用意するのではなく、簡単な形（円柱や立方体）を多く用意したり、全体的に量を減らし、"一人で全部できた！"ということが感じやすいよう配慮しています。

🍀 積み木

　積み木はぴったりと収納するのではなく、子どもが"遊びたい"と感じた時に自分の手で箱から積み木を出せるよう、余白部分を作るようにしています。

🍀 モザイクステッキ

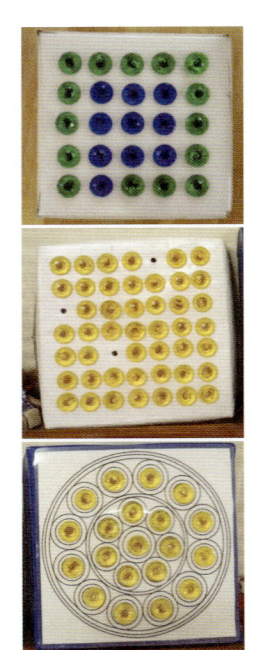

　手先が器用になり、細かいおもちゃにも挑戦する姿が増えてくるとモザイクステッキを用意しています。しかし、市販のボードではステッキを刺す数が多く、刺す楽しみを味わうことはできますが、初めからその大きなボードを埋められる子どもはほとんどいません。そのため、手作りで5×5や7×7の穴が空いたボードやマンダラ塗り絵に穴を開けたボードを用意しています。5×5のボードだと穴の数が25個と少なく、すぐに達成感を感じることができます。

第2章 実践編／実践1 育児担当保育の実践 〜まどか保育園の乳児保育 概要〜

🍀 **リモーザ**

リモーザもモザイクステッキと同様に、初めから大きいシートを使うのではなく、市販のシートを切り、小さな正方形や三角形、半分に切った台形や長方形のシートを作り用意をしています。"やってみよう"という意欲が続くうちに達成感を味わうことができるように配慮しています。

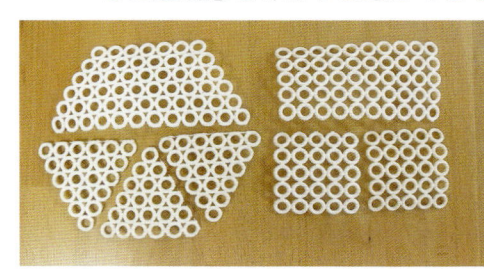

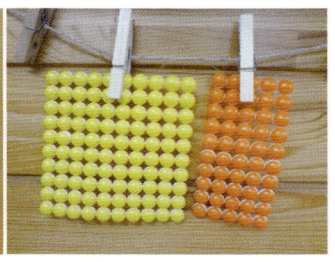

また、クリスマスプレゼントで"冷蔵庫"が届いた年もあります。市販の木製おもちゃの冷蔵庫もあるのですが、目の前の子ども達に合った大きさの冷蔵庫が欲しかったため、サイズを測り、オリジナルの大きさの冷蔵庫を手作りで用意しました。常に子どもの姿を見て、その様子に合った環境を用意していきたいと考えています。

🍀 **エピソード　なっちゃん・たーくんとの日々**

　子ども達と共にふたばルーム（0歳児クラス）からさくらんぼルーム（2歳児クラス）まで進級をし、大切な仲間であ

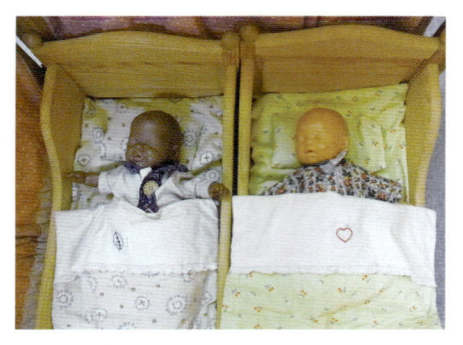

るスリーピングベビーの"なっちゃん"と"たーくん"。

まどか保育園では"人形がある部屋"ではなく、"人形のいる部屋"として考え、お世話あそびを展開しています。人形は子ども達にとって"自分がされたようにお世話をしてあげたい赤ちゃん"のこともあれば、"喜怒哀楽を分かち合う友達"のような存在であると聞きますが、子ども達の姿を見ていると正にその通りであると思います。そのため、まずは大人が大事に関わる見本を示すように心掛けています。

　当時、つぼみルーム（1歳児クラス）の子ども達は友達に興味を示し、友達のマーク（まどか保育園では、一人一人マークが決められています。名前がまだ読めないときにでも自分のものが一目でわかるようにマークは動物や花、乗り物等の絵を使用しています）を覚え始めました。そのような子ども達の姿が見られた頃になっちゃんとたーくんにも同様にマークを決め、それぞれの布団にマークを刺繍したものをつけました。するとすぐに二人のマークを覚え、子ども達はよりなっちゃんとたーくんに親しみを感じてくれたことが関わりから伝わってきました。

子ども達の関わりからなっちゃん、たーくんサイズのオムツ、オムツカバー、お尻拭き、スタイ、手拭き用タオルを用意し、お世話あそびがより発展していくことを期待しました。

二人の誕生日も決め、誕生日の日には子どもの誕生日と同様にカードを作り、誕生日当日には皆でお祝いをしました。仲間の一人として、"ろうそく拭き消せるかな"と見守ったり、誕生日カードを大切に扱い、なっちゃんやたーくんを膝に乗せて自分のことのように嬉しそうに一緒にカードを見ていました。

さくらんぼルーム（２歳児クラス）に進級してからも同様に誕生日のお祝いをしたときには、「なっちゃんの手小さいね」「カードは僕が渡したい！」という声が自然にあがり、子ども同士の遊びの中でもそのお祝いを再現して遊んでいました。関わり方はより具体的になり、スプーンの握り方を示しながら「こうやって持つのよ」と保育士のように見本を示したり、「今寝てるから静かにしてね」とスリングで抱っこをしながら周りにいる友達に伝えたり、「気持ち悪かったね。きれいにしようね」

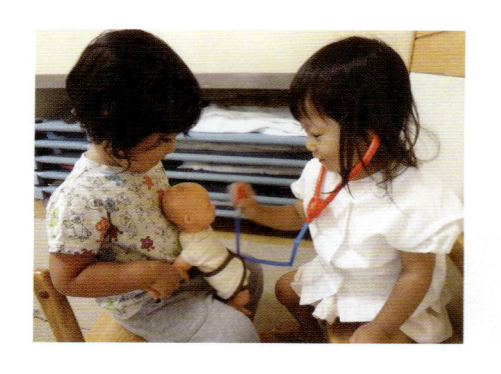

とお母さんのように声をかけながらおむつを替えたりしています。これからもそんな子ども達の人形への愛着や温かい気持ちを大切にしながらなっちゃん・たーくんと過ごす時間も大切に見守っていこうと思います。

まとめ

　育児担当保育を実践していて、子どもとの信頼関係の築きやすさと、一人一人の子どもをより丁寧に見ていくことができることが、この保育の良い点としてあげられるように思います。

　実際に担当として受け持った子どもの中に、初めは、保護者と離れ"知らない大人""信頼できない大人"という目で私達のことを見ているため、食事の時間になり大人がエプロンをつけただけで大泣きし、一口も食べることができなかったり、"寝たくない！"と全身を使って午睡を拒否したり、保護者の前と私達に見せる表情が明らか

に異なっていたりしました。しかし子ども達と次第に信頼関係が築かれていくと、担当保育士がエプロンをつけるやいなや遊んでいたものを片付け始め、「ごはんなに？」というやりとりが当たり前になったり、傍にいるだけですぐに眠りについたり、素直な表情で関わってくれたりと日に日に信頼関係が築かれていることを実感しています。

　また育児担当保育をすることで、より一人一人の発達を細かく見ていくことができるように思います。食事量、スプーンの持ち方、着脱やトイレへの意欲、便の様子など担当保育士ならではの気付きがあります。そしてその気付きを担任間で共通理解することにより、より一人一人が発達していくために、個々に合った援助を考えていくことができます。

　子ども達の姿を見ていると、担当保育士が一人一人と丁寧に関わることにより、意欲が高まり、できることもどんどん増えていくように思います。安定した中で生活をしているため、見通しが持ちやすく食事の時間が近づいてくると子ども同士で誘い合っている姿をよく目にします。手招きをしたり、手をつなごうとしたりと一緒に食べる友達を誘う姿や、食事の順番の子どもの片付けを手伝ってくれる姿も見られるようになります。戸外に出る支度をするときにもいつも同じ流れのため、自分の支度が済むと、大人が何も言わなくてもまだ

終わっていない友達の支度（靴を履くなど）を手伝ってくれています。
　乳児保育では、日課の形成、秩序のある生活、豊かな遊びの環境がとても大切ですが、それらが子どもの発達にとって良い効果を持つことができるために「育児担当保育」が必要だと思います。育児担当保育を実践することで生活面や情緒面が安定し、安心して過ごすことができているように思います。

information

社会福祉法人 高洲福祉会
まどか保育園

- 住　所　千葉市美浜区高洲1−15−2
- 定員数　90名
- 入園年齢　生後57日より可
- 保育時間　7時〜20時

社会福祉法人 京都地の塩会
つくし保育園

- 住　所　京都市伏見区醍醐柏森町25
- 定員数　90名
- 入園年齢　生後57日より可
- 保育時間　7時〜19時

実践2

遊びを通して子どもたちと一緒に楽しんできたこと
～つくし保育園の保育実践～

吉田 直子（つくし保育園）

　つくし保育園でも、育児を担当する保育を始めてから十数年経ち、理論編で記述されていることを目標にしながら保育をすすめていますが、まだまだ充分とはいえません。途中を歩んでいますが、その中で子どもとの生活を通して大切にしてきたことを、遊びのエピソードを中心にご紹介していきたいと思います。

　乳児の遊びは、その子の成長発達そのもの。好奇心によって始まり、安心し、信頼できる大人に見守られながら育まれていきます。1日の生活の流れの中に室内外共に、まとまっ

た時間が保障され、戸外では、四季を通して、五感を使って自然に触れられるように、また、室内では、子どもが安心して過ごせる落ち着いた空間の中で「なんだか面白そう！」と自分でやりたいことが見つけられるように工夫してきました。それと同時に、遊びを通して人と関わることの嬉しさを感じられるように、1日1日が幸せに過ごせるようにと願ってきました。

〈戸外〉 四季の自然に包まれながら

🍀五感を呼び覚ます

つくし保育園には、たくさんの実のなる木と、旬の野菜を収穫する畑と、泥んこ遊びや草花遊びができる園庭と、野草と共に四季折々の花が咲く花壇があります。生まれ持った感覚でも、使わないと衰えていきます。大人が気づいたことを話しかけると同時に、自然の中で子ども自身が発見したり、耳を澄ましたり、嗅いだり、味わったり、触れたり、できるように実体験を通して、五感に働きかける事を大切にしています。

🍀散歩

歩行がしっかりして、手をつないで歩けるようになると、1日の

生活の中に散歩を組み込んでいます。四季を通じて、多少の変動はありますが、同じ時間に同じ大人や子どもと一緒に出かけます。歩くスピードや体力に合わせて、ある一定の期間、同じコースを歩いています。子どもたちは「次の角を曲がったら何がある」等、絵本のページをめくることと同じように、先を見通すことができ、安心して散歩を続けます。また、同じ景色でも、天候や季節によって、異なった発見があります。道端に咲く草花や虫など、見つけたものの名称を会話の中に入れながら、一緒に散策を楽しんでいます。

〈室内〉 自分の居場所を求めて

🍀 安心して過ごせる空間

　見え過ぎず、隠れ過ぎず、いつも見守られていると感じられるような空間。子どもが部屋のどこで遊んでいても、見ていてもらっていると感じられるように、積み木が積みあがった瞬間、パズルの最後がはまった瞬間、子どもがやったー！と思った瞬間に目を合わせられるように、喜びを共感できるように心掛けています。

🍀 遊び込める空間

　部屋に入った時に、やってみたい遊びが見つけやすいように、子どもの目線の高さの棚などを利用して、一人一人の発達や興味関心に応じたおもちゃを決まった場所に置き、子どもたちそれぞれの動線を考慮して、集中して遊んでいる時に、目の前を横切られないような空間を工夫しています。ままごとや世話遊びなど、模倣の遊びが楽しめるように、その中で自分の思いが表現できるように、小道具を豊富に揃え、実生活と重ね合わせて、調理しやすい台所や赤ちゃんの世話をしやすいような環境を作るように工夫しています。

🍀🍀🍀

　特定の子どもの育児を担当し、遊びの部分ではクラス全体の様子と一人一人の子どもの様子を把握し、環境空間を整えることによって、子どもたちの不安に駆られた「見てみて」が少なくなりました。「困った時はこの人に頼ればいい」「この人は助けてくれる」「この人といると安心できる」と、子どもたちに「この人」ができ、信頼関係が深まり、落ち着きがみられ、その中では、以前より増して自分を発揮する姿が

見られ、子どもの遊ぶ力の素晴らしさを再発見しました。
　それでは、担当した子どもたちと過ごしてきた中でのいくつかのエピソードをご紹介しながら、これまで大切にしてきたことをお伝えしていきたいと思います。

［0歳児クラス］

「快・不快によるサイン、それに応える大人」「応答関係」「相互関係」「愛着関係の形成」

産休明けで入園してきたＡちゃん

　つくし保育園では、人を育てる唄、遠野のわらべうたを生活の中に取り入れています。生後８週のＡちゃんが入園してきたので、最初に出合うわらべうたの「うんこ語り」から始めるチャンス！と、早速、機嫌の良い時を見計らい、抱っこして目を合わせてしてみました。「んこー」と語りかけると、じーっとこちらの顔を見つめて、その声に懸命に応えようとする姿がありました。繰り返していると、声を出して応えてくれるようになり（この時、どの高さの声に一番反応してくれるのかと、試してみたことがあります。高音に、より反応していました）、その後も「にぎにぎ」や「てんこてんこ」など、月齢に合わせて、継続的にわらべうたを唄いかけました。すると、10カ月を迎えようとしたある日、おむつを換えていた時のこと。自分が覚えてきたわらべうたの全てをこ

ちらに向かってしてくれたのです。「私、今、とっても気持ちいいよ。嬉しいよ。」という気持ちを、自分が伝えられる方法を使って、懸命に表現したのです。「そう、嬉しいの。じょうず、じょうず、じょうず」と応えながら、とても幸せな時間が流れました。その後も何度となく、自分の方からわらべうたの仕草をして語りかけてくれました。

　子どもと向き合ってわらべうたを唄いかけている時、子どもとの空間の中にひとつの見えない線があって、つながっているような感じがします。子どももまた同じ感覚を覚えているのだと思います。人の語りかけにしっかりと耳を傾け、応えていく。人として生きていくためのコミュニケーションの土台を培っていることを実感しました。

✿ おしゃまなBちゃん

　入園後間もなくお誕生日を迎えたBちゃん。ここが安心できるところだとわかるまで、長い時間がかかりましたが、いつも周囲の事や大人の動きをよく観察していました。花はじきやチェーンリングを容器に入れたり出したりだけではなく、混ぜたり移し替えたり、他の子や赤ちゃん人形に食べさ

せる真似をしていたので、早速、ままごとのキッチンを用意しました。すると、お鍋に食材を入れ、お玉で混ぜて、火加減を調節する仕草までしてお料理作りを楽しんでいました。ある日のこと、籠から布を1枚出してきて、自分のお腹に巻きつけて、くくって欲しいことをアピールしてきたので、腰の後ろで布の端をくくると、嬉しそうに台所に立って料理をし始めました。次の日に、籠の中にエプロンを入れて用意しておくと、Bちゃんはエプロンを手にとって、こちらに来ました。「お料理するからエプロンがほしかったのね」と言葉をかけながら紐をくくると、にっこり笑顔。そのまま台所に行くのかと思っていたのですが、今度は、こちらを見ながら自分の頭をトントンとたたくので、「あっ、三角巾もほしかったのね」と、そばにあった布を三角に折って、頭につけると、ようやく台所に向かっていきました。「0歳の部屋で、三角巾まで用意しておかないと」とは思っていなかったので、子どもの遊ぶ力のすごさに驚きました。後日、エプロンとお揃いの三角巾を用意すると、早速こちらに持ってきたので、身につけると、鏡の前に行き、満足そうに自分の姿を眺めていたBちゃん。その嬉しそうな顔が今でも心の中に鮮明に残っています。

お買いもの好きのCちゃん

　歩けるようになって、足元もしっかりしてきたCちゃんは、腕に鞄を提げて、部屋の中を歩き回るのが大好き。目に留まったおもちゃを鞄に入れては、あちらへこちらへと移動していました。部屋の一角の壁面に、絵本『くだもの』（福音館書店）に出てくる果物をフェルトで作り、マジックテープをつけて用意していたので、その前に座って、鞄を提げたCちゃんに「いらっしゃいませー」「美味しいぶどうはいかがですか？」と呼び声をかけてみました。すると、Cちゃんはすぐに応えて、フェルトの果物をベリベリーっと剥がして、鞄の中に入れました。「毎度ありがとうございます」とお礼を言うと、Cちゃんは嬉しそうにペコリペコリと頭を下げて、ままごとのキッチンへと向かいました。調理台の上にお皿を並べると、買ってきた果物を盛って、「さあ、どうぞ」いうようにテーブルに置き、隣りにいたDちゃんにご馳走していました。

子どもたちは実生活の中で、見たり聞いたり体験したりしたことを、遊びを通して再現していきます。また、自分にしてもらったことや、振舞い、心遣いまでも模倣します。頭の中にため込んだことを整理するかのように遊ぶことによって、思いを形作り、もう一度自分のものとして取り込んでいくようです。

[1歳児クラス]

「自分と他者」「自我の芽生え」「模倣」

テレビづけだったEちゃん

1歳児クラスの途中から入園してきたEちゃん。車のおもちゃが大好きで、片膝を立てながら、床の上を走らせて楽しんでいましたが、他の遊びにはなかなか興味が向かずにいました。言葉は「ママ」「ブーブー」くらいで、あとは「○×△□・・・」と、言葉にならない音を、独り言のように唱えていることが気がかりでした。お母さんにお家での様子をお伺いしたところ、Eちゃんが生まれた時から、テレビは1日中ついていて、特に家事をする時などは、Eちゃんが好きな番組を見せていたとの事でした。お母さんも言葉のことを気にされていましたので、テレビが子どもに及ぼす悪影響を詳しくお伝えしました。「一度、騙されたと思って、テレビのスイッチを切ってみて下さい。そしてお母さんが家事をする時もEちゃんをできるだけそばにいさせていただけませんか」とお願いしたところ、快く引き受けて下さいました。実践して下さってから1週間もたたないうちに、Eちゃんは部

屋の中をただ単に歩きまわることが少なくなり、ままごとに興味を持ち始めました。1ヶ月もすると、「○×△□…」の意味不明な独り言が無くなり、ままごとのキッチンで、料理から後片付け、最後に布巾を洗って干すところまでを見事に再現していました。後日、お母さんから最近のお家での様子をお伺いすると、「自分がキッチンで洗い物をする時、いつもお風呂の腰かけを持ってきて横に立って見ています。今日は疲れているから、洗い物は明日にしようと思っても、先にキッチンに立って待っているので、洗ってしまわなければならないのです。頑張れって、応援されているようです」とおっしゃっていました。この時改めて、テレビが子どもに与える影響の強さと、実生活での体験の重要性を感じました。

✤ とても過敏なFちゃん

　Fちゃんは、見えるもの、聞こえてくるもの、匂いにもとても敏感。例えば、お散歩に出かけた時のこと。突然「おせんこう」と言うのです。「Fちゃん、お線香知ってるの？すごいねー」と返しながら、幅5mほどある道路の向かい側を見ると、お坊さんが車に乗って、走りすぎる姿が見えたという出来事がありました。家では、叱られる事が多く、お母さんは困り果てて、Fちゃんをサークルの中で過ごさせておら

れました。瞬間的に、匂ったものや見えたものに即座に反応するので、部屋で遊んでいても、ひとつの事が持続せず、あちこち転々としていることがほとんどでした。そして、自分で積んだ積み木を崩すかのように、スティックモザイクなどの指先を使う遊びも、飽きてくると、自分がした作品を容器ごとひっくり返して終わるということが続いていました。Fちゃんはそうしたくてしているわけではなくて、身体が先に勝手に動いてしまう。叱っても、何の効果も生み出さないので「あーあ」と残念な気持ちを伝えながらも、こちらが根気よく拾い集める日々が続きました。こんなことが途方もなく続くのかと思っていた時の事です。Fちゃんよりも月齢の小さい子がスティックの入った容器をひっくり返してしまいました。床に散らばったのを見ると、Fちゃんはすぐに駆け寄って、「あーあ」とつぶやくと、拾い集めてくれたのです。とっても嬉しくて「ありがとう」といいながら、思わずFちゃんを抱きしめてしまいました。待っててよかったと思った瞬間でした。いつか必ずその時が来る、階段を一段上る時が来る。その時はいつか分からない。でも、目の前の子のことを信じて待つことの大切さを実感したひと時でした。

🍀 おしゃまで世話好きのGちゃん

　Gちゃんは三人兄妹の末っ子。幼児クラスにいる兄たちを上回るしっかり者で、ままごとや赤ちゃん人形の世話遊びも大好きです。ままごとのキッチンでは、お母さんが兄たちのお弁当を作る真似をして、「もうちょっと、いれとくしー」と食材のお手玉で盛り上がったお弁当の蓋をバンバン

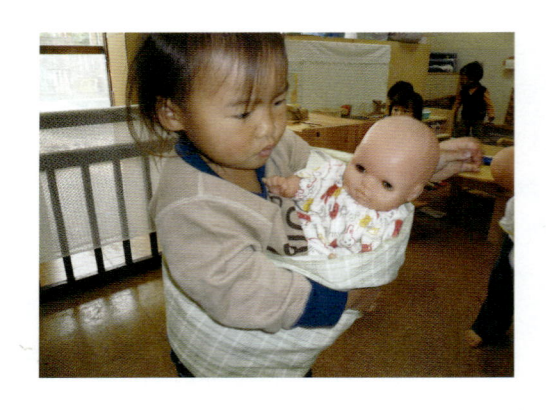

と叩いて閉めて出来上がります。行動は少々粗雑なところはありますが、肝っ玉母さんぶりを発揮して、二人分作り、他の子に振舞っていました。赤ちゃん人形の世話もかいがいしく、おむつ交換はもちろんのこと、おむつの洗濯を済ませると、パンパンとしわをのばして干し、赤ちゃん人形を抱っこしてお散歩に連れて行き、犬のヴァルディー〈写真〉に「こわくないからー」と人形の手をなめさせたり、スリングに入れて、子守唄を唄いながら、寝かしたりしていました。ある日のこと。「よいよいよい」「あんよはじょうず」と人形の両手をもって立たせて歩かせていたので、「ゆうりちゃん（人形の名前）歩かはるようになったんですか」と尋ねると、「そうなんですー」とにっこり笑顔で応えながらお散歩を続けていました。自分がお気に入りのわらべうたも人形と向き合って唄い、それでも時々ぐずって、泣きやまないこともあるようで、「えーんえーんいうてるねん」と、そばにいる子に伝えて、よしよしと慰めてもらっている姿もありました。そして、もうすぐ2歳児クラスに移行するという年度末のある日のこと。保護者の方から

こんな依頼がありました。「どの子か心当たりがないんですけど、うちの子、次のクラスに行く時に、ゆうりちゃんと一緒に行きたいって言うてるんです。お願いできます？」と言ってこられました。嬉しくて二つ返事で応えました。

　子どもは、人形に自分の心を映し出し、自分がしてもらったように、また、して欲しいように、思いを表現し、成就させていきます。時には、最高の自分を発揮して、次へのステップアップの足がかりとしているようです

［2歳児クラス］

「自我の表出」「自己主張」

叱られることが多かったHちゃん、凧との出会い

　Hちゃんは、見えたり聞こえたりすることなどにすぐに反応して、「物音がすると、すでにそこにいる」という感じでした。遊び始めても周囲の事が気になり、座っていても常に身体のどこかが動いていて、なかなか集中できずにいました。また、人の心の動きにも敏感に反応して、その日のお母さんの気分によって、落ち着かなかったりすることがよくありました。周囲の子に対しての攻撃的な行為もそうでしたが、思いとは違って勝手に手足が動いてしまうというようでした。そのため、お家では大好きなお母さんから叱られることも多く、「どうせ僕なんか」と悶々とした日々を過ごしていました。そんなHちゃんの気持ちをしっかりと受け止め、できるだけ「ダメよ」などの否定的な言葉は使わず、肯定的な関わりをしようとクラスの担任間、保育園全体で話し合ってい

ました。お正月休みの後、凧上げをしようとクラスで凧を作り、凧を上げに行った時のことです。凧を上げて見せると、次々に僕も！私も！とやってきました。糸巻きを手渡すと、するすると空高く舞い上がり、ぐいぐいと引っ張られる風の力にびっくりして、手を離してしまう子もありました。そんな中、Hちゃんはその力に負けまいと、両手でしっかりと持ちながら、舞い上がって小さくなっていく凧を感動に満ちた表情を浮かべて見上げていました。風と凧と糸とHちゃんが一体となっている瞬間でした。そんなHちゃんの様子を見て、Jちゃんが近づいてそっとHちゃんの横に立ちました。Jちゃんは人とのコミュニケーションがとれず、言葉もほとんど出ていなかったのですが、HちゃんはJちゃんの気持ちに気づき、「ここ持ちや」「ええか、絶対離したらあかんで」と繰り返し言いつつ、自分の持っていた糸巻きを手渡してあげました。いつもなら「自分の持っているものは自分のもの」「友達の持っているものも、自分のもの」のHちゃんでしたが、自然の風がHちゃんの気持ちを解きほぐしてくれたようでした。

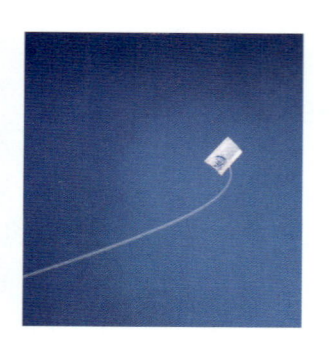

いつしか、Ｊちゃんの手をＨちゃんの手が覆い、二人並んで嬉しそうに凧を見上げるＨちゃんの顔はいつもよりさらに輝いていました。

自分だけでなく、友達と共感できた時の喜びは、何倍にも増して嬉しく、人とつながっていく事の喜びへと向かっていくのですね。

　日々の生活のちょっとした一場面に、人と人が一緒に生きていく中での大切なことがたくさん含まれているように思います。同じ場面でも、人によって感じるところや、感じ方は違います。自分だけの思いに留まらず、保育者同士が思いを伝え合うことによって、新たな発見があり、一人一人の子どもの理解が深まって、信頼関係も育まれていくのではないでしょうか。
　愛する人に見守られながら、自分でやってみたけれど、できなかった悔しさや、やってみて、できたという喜びを共感し合う。日々の小さな達成感の積み重ねが大きな自信へとつながっていくのだと思います。子どもたちと一緒に生活する中で、どうすれば、安心して心を開いてくれるのだろう？どうすれば、落ち着いて自分を取り戻してくれるのだろう？と、思い悩んだ時、どうすればよいかは、子どもたちが教えてくれたように思います。「全ての答えは子どもたちの中にある」と気付かせてもらいました。「育てる人」と「育てられる人」との関係ではなく、互いに育ち合うのだと思います。

私たち保育者が育ててもらっている割合の方が大きいのかもしれません。私たちは、ともすれば他者に対してマイナス面を見てしまいがちですが、できないことよりも、できていること、嬉しかったことに注目して、どうして良かったのかを分析して、次へとつなげていく。大切なのは、保育のやり方や結果ではなく、安心できる環境を基盤として、一人一人の子どもの気持ちにどう寄り添うか、芽生えてきた自我をどう大切に育んでいくか、自己主張をどう受け止めていくかだと思います。2歳児クラスになると、自己主張のオンパレード。自分の思いを出しきって、受け止めてもらってこそ、自分の気持ちをコントロールしたり、相手の気持ちに気付けるのではないでしょうか。

　子どもたちに感謝しつつ、子どもの気持ちに寄り添える保育者でありたいと願っています。

（掲載写真と文章は、直接関係ありません）

座談会 育児担当制保育にとりくんで

〈座　長〉堀井 二実（園田女子大学短期大学部）

〈出席者〉新井 寛子
　　　　　（つくし保育園主任）
　　　　　塩路 和子
　　　　　（高槻市立高槻保育所所長）
　　　　　井上 桂子
　　　　　（大阪狭山市立第2保育所）
　　　　　遠里小野 清香
　　　　　（同上）
　　　　　堤下 利美
　　　　　（箕面市立稲保育所所長）
　　　　　杉本 照子
　　　　　（望之門保育園）
　　　　　志方 由紀子
　　　　　（同上）
　　　　　水野 光子
　　　　　（同上）

（2007年3月に行なった座談会を事務局の責任でまとめました。当時は「育児担当制」という言い方をしていたため、今回は「育児担当保育」と変えずに掲載しました。）

1 育児担当制保育　取り組みの過程と現状

（座長） 今日は育児担当制保育について実践しておられる園の方々にお集まりいただいて話し合っていただきたいのですが、まず取り組みの過程と現状についてお話し下さい。

（望之門） 望之門は1988年頃から担当制のはしりという形で始まりました。色々な経過のなかで子どもをどう見るか、部屋の空間をどう区切るかなどの諸問題があり、他園の見学や研修を通してうち独自の担当制を作り上げてきました。私たちは育児マニュアルという形をとっていましたが、マニュアルで収まらないケースも出てきて臨機応変さが必要と考えるようになり、1，2年前からガイドラインと名前も内容も変えてきました。最近では担当の保育士の色が強く出すぎているの

ではないかという懸念があり、他の保育士の保育の行い方について議論することは容易ではありませんが、そこを乗り越えなければ育児担当制は充実していかないと思います。

（大阪狭山） うちが育児担当制を始めたきっかけは、ちゃいるどネット大阪の環境部会で樋口先生の研修に参加した１，２名の職員が共感し感動し、衝撃を受け全職員にそれを返していくことから始まりました。その報告に共感した職員が担当制をやりたいという思いで次の年から０、１歳の担任が職員会議に提案しました。多くの疑問点や反対意見が出ましたが何度も話し合い、０、１歳児から試行してみることに決まりました。１年間とにかく手探りで続けましたが、当初は色々な誤解もあり、キャリアのある職員も多く自分の保育に自信もあるので、なかなか受け入れてもらえませんでした。けれども絶対にこのやり方のほうがいいということを一所懸命伝えるうち、少しずつやってみようとする職員が増え、樋口先生の研修にも参加する人が出て、みんなで勉強しながら進んできました。３年目くらいには大阪狭山市の公立保育所として担当制に取り組むことが共通理解となりました。けれども最近になって、こども園という新たな動きがあり、施設の改変もあって、担当制を経験した職員が幼児の施設に行ったりして分散し、うまくいっていません。

　マニュアルも作ったのですが、なかなか臨機応変な対応ができていません。保育士一人一人の資質も問われていると感じます。

（座長） 最初にやり始めたとき、具体的に、「この方法でないと」と確信を持たれたのはどんな点でしたか？

(**大阪狭山**）食事ですね。12人の子どもを一斉に食べさせて、自分も食事していたのを、0歳児のように保育者は後で食事をするようにしました。担当の保育士と他のグループと時間をずらして食事をすると、集中して食事ができ今まで本当の介助ができていなかったということがわかりました。保育士や子どもたちの声がおだやかになり静かになりました。食事以外でも、困っている場面をすぐに見つけて援助できることが増えたり、何かしてほしい時には、担当保育士のところへ子どもが来るようになりました。つまり保育士と子どもとの信頼関係をつくることが一番大事で、安定した中で過ごせる、そこからすべてが始まっていくというのが育児担当制だと感じます。

（**大阪狭山**）今までは見ていた側でしたので、実際に育児担当制をしたのは今年初めてです。マニュアルどおりにいかない、自分の技術の未熟さと向き合うとか、今まで自分が幼児を任されていたとき得意としたものや、面白い先生というキャラクターなどが全く通用しない、自分の保育士としての資質が本当に問われたと思いました。でも1歳児が一人の信頼できる大人として自分を受け入れ、その力が他の大人への信頼へつながっていくという関係を一人一人の子どもとつくれることや、その深い関係の中での育ちは今まででではありえないと感じた。すごい手ごたえでした。

（**箕面**）箕面では4年前に樋口先生の講演を聞きに行ったり、見学研修に行った保育士たちが個々に始めたのですが、周りの反響がすごかった。例えば、人見知りがきつすぎるとか、朝夕子どもがなつかないとか、担当児を取り込んでいるのと違う

かとか、給食待たせすぎとか、給食返すのが遅すぎるとか、批判を浴びました。上の人たちに理解がないとおもちゃ一つ買ってもらえない、孤立すると1年しか続かない。そんな時、箕面市では保育の見直しをすることになり、25年以上の経験者を集めて話し合いました。今の子どもの問題点（落ち着きのなさ、母子関係の希薄さ、コミュニケーション能力の未熟さ、聞く力の乏しさ、自分をコントロールできないことなど）を出し合う中、乳児期の1対1の関係の中で愛着関係を作る、自分が愛されているという自尊感情を育てることの大切さが認識され、それを保育のなかで実践するためには育児担当制でゆっくり関わることにつながったのです。もうひとつは幼児の異年齢交流でした。この二つのテーマで分かれてそれぞれが研修し、その人たちがリーダーになって、所長たちにも伝えました。そういう中で、箕面市の保育指針が乳児は担当制でやりましょうということになりました。箕面市の公立7園のうち3園はそのメンバーが中心となりうまくいきましたが、他では環境を整えて形から入ったけれど、トップダウンで入ってきたので、今までの保育のどこが間違っていたか、話し合うのに時間をかけました。実際にやらない先生にはわからないこともあり、反対の立場の意見も言いやすい雰囲気を作って、充分に話し合いました。今4年目ですが、やはり一人一人の保育の姿勢が問われ、今までの保育観に縛られたり頭ではわかっていても動きがついていけなかったり、待つことが苦手だったり、細かいところで一人一人を見守ることが難しい人もいます。一人一人の保育の資質や持っているものがやっぱり出てきます。箕面市でもマニュアルを作っ

ていますが、アルバイト職員もいる中、保育士の連携が一番難しいと思います。

（高槻）うちの場合は4年前、研究指定園になったことをきっかけに樋口正春さんに来ていただいて、保育を見直し、育児担当制が始まりました。そんな中で1歳児の職員配置が4対1から6対1になり1歳児が特に大変になりました。けれども指定園で子どもたちが落ち着いて食事をしたりする場面を見て、他の園にも広がっていきました。13ヵ園の公立保育所に定着させていきたいと思っています。

（つくし）つくしは1970年開園のキリスト教教会が母体の保育園です。開園以来自然環境に恵まれているので、室内遊びには重点を置いていない一斉保育をしてきました。子どもたちはのびのび元気だけれど、落ち着きがなかったのですが、園長の交代を機に保育の見直しを行い10年前から年に3, 4回樋口さんに来ていただいて、担当制をはじめとする保育の見直しをし、今日に至っています。初めは試行錯誤の連続で、はじめて子どもが変わってきたかなと感じたのは4年目。着実に子どもは変わっていくけれど、むしろ保育士がなかなか変われない部分というのもありますね。

2 育児担当制保育をつづけるために

（座長）保育士の質が変わらなければ難しいのでしょうが、子どもとの関係性をどう作っていくか、というあたりを話してください。

（大阪狭山）マニュアルはあるけれどそれを伝えきれない、たとえば常に大声で子どもを動かそうとしている先輩には言いにく

い。ただグループ分けをしただけの保育としか思えないクラスもあります。マニュアルよりも目の前にいる子ども一人一人と向き合っていることが大事なのでは。

(箕面) かつて保育士は大きな声がよしとされてきたなかで、言葉を手渡すことが身に付いてくると、子どもに対して肯定的な言葉がけが自然に出るようになります。育児担当制で0歳から育って子どもたちは幼児になっても、落ち着き方が全然違う、大人の話にぱっと集中する、生活習慣面もちゃんと見てもらっているので自立できる。保育士同士が言い合える関係になると、自分たちの保育をビデオに撮って互いに意見交換して研鑽しあっています。

(望之門) 担当制の中で、人を思いやる気持ちが育っていると感じます。信頼関係があるので、心が育っていっているなと感じています。途中入所した子がいた時に、途中で子どもたちのメンバーを変えましたが、割と落ち着いて生活しています。

担当制を伝えるためにマニュアルだけでなくビデオも作っています。同じ手順でしてもらえることで子どもに安心感が生まれますし、新しい職員にも伝わります。0歳からの積み重ねが大事で、担当制をやり始めたころに0歳だった子どもたちが学童に来るようになって学童が落ち着いてきたという事実もあります。

3 保護者との関係

(箕面) 今の保護者は極端に子どもを受容できない人もいて、子どもと向き合うことが難しい人もいる中、保育所が信頼関係の育ちを担っている面が大きい。保育園に、1対1で自分のこ

とを理解してくれる人、甘えたいとき甘えさせてくれる人がいるということは、人と人とが響きあう気持ちを育てる上で、保育所の役割は大きいです。

(高槻) 一応かわいいと思っている保護者でも、具体的な育児の方法が分からない人は多い。個人懇談や、懇談会などで、具体的にお母さんの育児能力を伸ばす役割も担っていかなければならない。要するに家庭支援ですね。

(つくし) つくしでは入園の際の受容保育の期間をできるだけゆっくり取るようにしています。特に分離不安のある時期に入園することは子どもにとってかなり厳しい。一人の大人が信頼できるまでゆっくり時間をかけることが、子どもの情緒を安定させるのに必要です。それから個人懇談にも時間をかけてお母さんが自分の悩みを語りやすい、ストレスが発散できるような人間関係を作ることをめざしています。

(箕面) 育児担当制には保育士の連携が一番大事。連携が悪いと子どもが落ち着きません。保育士同士が協力し思いやり合っていることを子どもは感じ、育ちの見本にしていきます。

(高槻) 職員集団としては非正規職員が３年で交代する、給与格差がある、そんな状況の中で担当をしてもらうかどうか、研修にどう参加してもらうのかといった問題が起きています。財政的な裏付けがぜひほしいところです。おもちゃの問題も同じで、予算がないと、環境が整いません。

(つくし) つくしの例で見ても、出生率が平均より高い、保育園は少子化対策に効果を上げていますね。

(箕面) 今の社会で、若者たちがひきこもりだとかゲーム依存症だとか事件は起こさないまでも、生きてゆく力の弱さを感じま

す。このことに対する反省から、担当制も出てきたと思う。
（高槻） 親同士の関係を作っていくことも大事ですね。こちらから言うと押しつけがましく響くことでも、親同士の情報交換ならうまくいくといった面もあり、伝えあう関係を作っていきたい。地域全体で、保護者全体で保育する場というのが理想ですね。

4 最後に

（座長） 最後に一言ずつお願いします。

（望之門） それぞれの園の大変な状況がよくわかりました。今後も情報交換していきたい。

（大阪狭山） 狭山では幼保一元化施設の中で育児担当制をしていますが、０歳から６歳までの育ちを見通して担当制をやってきたのに、大幅な人事異動や４、５歳児が別の施設ということなどで担当制の思いが十分伝えきれないもどかしさや、できなくなるのではという不安があります。

（箕面） 担当制では形ではなく目の前にいる子どもと保護者の思いをとりあえず受け止めて、相手の気持ちに共感することが身につけば、形ではなく保育が変わると感じています。公立は異動もあり、自分の我（保育観）を曲げない人もいる中で、１年１年積み重ねを大事にしていきたい。

（つくし） 育児担当制のもう一つの魅力として、保育士が子どもへの愛に目覚める可能性もある、単なる仕事としての働きから、自分の生きがいとしての仕事へと、子どもが変えていく、そんな経験もしました。それから漠然と一斉保育をしていた時にはとても気がつかなかったような保育士の気づきもあり、

丁寧にかかわっていくことで子どもの力が伸びていきます。
　10年を振り返って、今元に戻そうという保育士はいないと思います。間違っていなかった、もっともっと広めたいと思っています。お互いに連帯して研鑽しあっていきたいですね。
（座長）やっぱり子どもを大事にする、子どもの人権を守っていくという視点で、保育していきたいものですね。本日はいいお話をいっぱい聞かせていただいて、ありがとうございました。

おわりに

　1999年の保育指針の改定で、「特定の大人との関係」という、いわば「育児担当保育」を意味するような文言が登場してから14年。そのことで、保育士の姿勢と関わり方が問い直されたはずなのですが、果たして日本の乳児保育は変わったのでしょうか？それどころか、現在の日本の保育界は、待機児童解消問題で揺れています。保育の質や内容については後回しもいいところ。質よりも、いかにして多数の子どもを「収容」（入園、入所と言うよりまさに収容という言葉がふさわしい）するかということだけが最大の関心事になってしまっているのではないでしょうか。基本であった保育室の面積さえも緩和され、乳児一人当たり3.3㎡だった最低基準が、大阪市の場合はその半分1.65㎡にまで縮小されようとしています。その上、保育士の待遇は悪くなり、正職率は自治体によっては10％のところさえあります。そして、保育士を養成する大学や専門学校は定員割れを起こしていて、願書さえ出せば、誰でも入学できる状態で、国家資格である保育士の資格のハードルは限りなく下がっているとも言われています。だからこそ、今、問われているのは「保育の質」であり、それは「保育士の質」でもあると思うのです。

　長年にわたって、一斉保育に馴染み、一斉に食事、一斉に排泄が当たり前だった保育の現場に大きな変換を求めた指針の改定は、一人一人を大切に育てるために、今こそその価値を発揮するべきだと思います。保育園に入園してくる乳児（0、1、2歳児）の子どもたちは決して自分の意志で入園してくるわけではありません。一番無防備で、一人では何もできない状態です。生まれてきてまだ数ヵ月であったり、大きい子であっても3年たったばかりなのです。つまり大人の保護なしには生きていけないのです。保育園に入ると

いうことは、自分の意志に反して、絶対的な保護者である母親（家庭）の元を離れている状態です。だから、保育士は第二の母親であり、保育園は第二の家庭でなければならない。安全が確保されることはもちろん基本ですが、どんなに幼い子どもであっても、人としての尊厳が保たれている、人権が守られていることが大切なのです。生物としての人が、命を保持できたり、身体が大きくなるというだけではない、愛されて、感情豊かに育ってこそ、人間になれるというものです。そのためには、特定の大人との愛着関係を育てることが何より大切であることは、半世紀以上前にイギリスの児童精神科医ジョン・ボウルビィが発見しています。

　大人との愛着関係を育てるために、保育園では子どもと向き合う大人が不特定多数であってはいけないですし、1対1でしっかり向き合う大人の存在が欠かせません。そして、愛着関係とは相互の関係であるべきです。目の前の子どもが、自分のとっても、大切でかけがえのない存在であるということが大切なのです。とりもなおさず、命を預かるということは、命をかけて守る存在がそこにいるということなのです。保育士という仕事の特殊性はそこにあります。単なるお仕事ではなく、使命感がなければ難しい。けれども、私たちが子どもと向き合うということは大人が子どもを愛するというだけではなく、子どもから愛され、癒されて、私たちが幸せを味わうことができるということでもあります。人として豊かにされることでもあります。

　だからこそ、乳児保育の現場で実施すべき指針として保育指針に盛り込まれたのです。けれども、単なる制度、システムではなく、育児担当無しには保育が成り立たないものとして、「育児担当制」ではなく「育児担当保育」と言うべきなのでしょう。

〈編著者紹介〉

樋口 正春（ひぐち まさはる）
1947年7月14日　大阪府堺市生まれ
東京都三鷹市在住
千葉市　社会福祉法人高洲福祉会　理事長
まどか保育園（千葉市美浜区・定員90名・現在102名在園）
東京都練馬区　石神井町さくら保育園（運営委託園・定員126名）
を運営
保育創造セミナー代表

〈編集協力者紹介〉

新井 寛子（あらい ひろこ）
2008年までの34年間、京都市にあるつくし保育園で、最初の20年を保育士として、あとの14年間を主任保育士として働いた。この間に主任として一斉保育から、乳児の育児担当保育、幼児の異年齢保育へと保育を変える経験をし、2008年退職。経験を伝える活動を行なっている。

〈執筆者名〉

はじめに	樋口 正春
第1章	樋口 正春
第2章 実践1	髙野 美千絵（社会福祉法人まどか保育園保育士）
第2章 実践2	吉田 直子（社会福祉法人つくし保育園主任）
コラム1〜3	新井 寛子
コラム4	宇野 直樹（社会福祉法人まどか保育園園長）
おわりに	新井 寛子

根っこを育てる乳児保育 〜育児担当保育がめざすもの〜

2013年10月　初版第1刷発行
2021年1月　第5刷

編著者　樋口 正春

発　行　特定非営利活動法人ちゃいるどネット大阪
　　　　〒540-0006　大阪市中央区法円坂1−1−35　アネックス パル法円坂
　　　　TEL 06(4790)2221　FAX 06(4790)2223
　　　　ホームページ http://www.childnet.or.jp　e-mail info@childnet.or.jp

発売元　株式会社解放出版社
　　　　〒552-0001　大阪市港区波除4−1−37　HRCビル3階
　　　　TEL 06(6581)8542　FAX 06(6581)8552　振替 00900−4−75417
　　　　東京営業所　東京都千代田区神田神保町2−23　アセンド神保町3階
　　　　TEL 03(5213)4771　FAX 03(3230)1600

デザイン　伊東 直子
印　刷　古賀印刷株式会社

ISBN978-4-7592-2263-0
乱丁・落丁おとりかえします。価格はカバーに表示しています。